L'AMANT
INDISCRET
OU
LE MAISTRE
ESTOURDY.
COMEDIE.

Par le Sr *QVINAVLT.*

I0082185

A PARIS,

Chez TOVSSAINCT QVINET,
au Palais, fous la montée de la
Cour des Aydes.

M. DC. LVI.
Auec Priuilege du Roy.

3122

✿✿✿✿✿✿✿✿✿✿✿✿✿✿✿✿✿✿✿

A MONSEIGNEVR

MONSEIGNEVR LE DVC

DE CANDALE

ET DE LA VALETTE,

PAIR ET COLONEL

General de France, Gouuerneur &
Lieutenant General pour le Roy
en ses pays de Bourgogne, Bresse,
haute & basse Auuergne, & Gen-
ral des armées de sa Maiesté en Ca-
talogne, Roussillon & Cerdagne,
&c.

MONSEIGNEVR,

La personne du Monde qui merite le
moins vostre estime, oze icy vous deman-
ã ij

EPITRE.

der l'honneur de voſtre protection. C'eſt vn
INDISCRET qui deuiết ambitieux & qui
malgré ſes foibleſſes s'aſſeure de ſe pouuoir rendre illuſtre en ſe conſacrãt à vous.
Encore qu'il n'ait guere fait paroiſtre de
iugement depuis que ie l'ay fait cognoiſtre
en ce Royaume, il n'a pas laiſſé de remar-
quer que toute la France eſt fortement per-
ſuadée de la iuſteſſe du diſcernement que
vous faites de toutes choſes, & il n'a point
eſté aſſez eſtourdy, pour ne ſe pas aperceuoir qu'il doit tout le bruit qu'il s'eſt ac-
quis ſur noſtre Theatre, à l'indulgence que
vous auez euë pour ce qu'il a de defe-
ctueux; il a bien recoñu que toute la Cour
n'a trouué ſon caractere plaiſant, que
parce que vous auez teſmoigné que vous
ne le trouuiez pas deſagreable : Et bien
qu'il faſſe toute ſa gloire d'vn deffaut qui
le rend indigne de toute ſorte de bonnes for-
tunes, il s'eſt imaginé qu'il n'a qu'à ſe pa-
rer de l'eſclat de voſtre Nom, pour ſe mettre dans vne haute eſtime & paſſer meſme
pour vn AMANT à la mode. Pour moy,
MONSEIGNEVR, ie vous ad-

uoüeray que d'abord son dessein m'a sem-
blé temeraire; mais en suitte il m'a paru
si fort aduantageux qu'il ne m'a pas esté
possible de le desaprouuer. Ce n'est pas que
ie veuille prendre icy l'occasion de publier
à vostre gloire tout ce que l'on peut dire de
merueilleux sur vn sujet si brillant & si
peu commun, ie pourrois dire auec verité,
que vous descendez d'vn nombre infiny
de Heros, dont les belles actions sont les
plus riches ornements de l'Histoire; mais
que les superbes auantages que vous pouuez tirer de cette glorieuse naissance, ne
sont pas vos qualitez les plus illustres &
que vostre propre valeur vous peut donner
assez de gloire pour n'auoir pas besoin de
celle de vos Ancestres, i'adiousterois encor
sans vous flatter que la Fortune, quand
elle vous seroit extrememement fauorable, ne
pourra iamais égaler en vous par ses fa-
ueurs, celles que le Ciel & la Nature
vous ont faites, & que malgré toutes ses
richesses elle sera tousiours insoluable pour
payer ce qu'elle doit à vostre Merite. Enfin
MONSEIGNEVR, ie pourrois
ã iij

EPITRE.

m'estendre auec éclat sur les charmes de vostre Personne, sur les lumieres de vostre Esprit, & sur la grandeur de vostre Cœur si ie n'estois asseuré que ce sont des Merueilles au dessus des loüanges les plus ingenieuses. Ie n'ay garde de vouloir renfermer dans vne simple lettre vne matiere dont vn iuste volume ne pourroit contenir que la moindre partie, & ie ne doute pas que ie ne pourrois entreprendre de faire icy vostre Eloge, sans deuenir autant Indiscret que celuy que i'ose vous offrir C'est ce qui m'oblige à vous dire que ie borne tous mes desseins à prendre icy l'occasion de vous protester que ie suis auec vne passion tres-ardente & des respects tres-profonds.

MONSEIGNEVR,

Vostre tres - humble & tres-obeïssant seruiteur.

QVINAVLT.

Extraict du Priuilege du Roy.

PAR grace & Priuilege du Roy donné à Paris le 3. iour de Iuin 1656. signé le GROS. Il est permis à Toussainct Quinet, Marchand Libraire en nostre bonne Ville de Paris, de faire Imprimer, vendre & debiter par tous les lieux de nostre obeissance vne piece de Theatre intitulée, *L'Amant Indiscret, ou le Maistre Estourdy, Comedie du Sieur Quinault*, pendant l'espace de cinq ans, à commencer du iour que ladite piece sera acheuée d'imprimer, & defences sont faites à toutes personnes de l'imprimer, vendre ny debiter pendant ledit téps, sur peine de quinze cens liures d'amende, & de tous dépens, dommages & interests, comme il est plus amplement porté par lesdites lettres de Priuilege.

Signé BALARD, Sindic.

Enregistré sur le liure de la Communauté, le neufiéme de Iuin 1656. suiuant l'Arrest du Parlement du 9. Auril 1653.

Acheué d'imprimer pour la premiere fois le 26. Iuin 1656.

Les Exemplaires ont esté fournis.

ACTEVRS.

CLEANDRE, amant de Lucreſſe.

PHILIPIN, valet de Cleandre.

CARPALIN, hoſte de la Teſte-noire.

COVRCAILLET, hoſte de l'Eſpée royale.

LISIPE, autre amant de Lucreſſe.

LVCRESSE, Maiſtreſſe de Cleandre & de Liſipe.

ROSETTE, ſeruante de Lucreſſe.

LIDAME, Mere de Lucreſſe.

La Scene eſt à Paris.

L'AMANT
INDISCRET,
OV
LE MAISTRE
ESTOVRDI.
COMEDIE.

ACTE I.

SCENE PREMIERE.

CLEANDRE, PHILIPIN.

CLEANDRE.

Dis-moy mon esperance est-elle bien fondée?
As-tu veu leur Bateau?

PHILIPIN.

La Coche est abordée;

On auoit mis la planche au bord on l'arreſtois,
Et quand ie ſuis venu, tout le monde en ſortoit.

CLEANDRE.

Mais as-tu remarqué ceſte Beauté ſi chere?

PHILIPIN.

I'ay veu diſtinctement Lucreſſe auec ſa Mere.

CLEANDRE.

Ne me flattes-tu point? de grace dis-le-moy,
As-tu veu cet Obiet?

PHILIPIN.

Tout comme ie vous voy.

CLEANDRE.

Poſſible as-tu creu voir.

PHILIPIN.

Ha ie ne ſuis pas dupe!
I'ay fort bien remarqué la couleur de ſa Iupe,
I'ay fort bien diſcerné ſa façon de marcher,
Et i'ay connu ſa Mere à l'entendre cracher.
De plus i'ay dés l'abord obſerué dans la preſſe,
Qu'vn certain Fanfaron conduit voſtre Maiſtreſſe.

CLEANDRE.

C'eſt peut-eſtre vn parent.

PHILIPIN.

Ou quelque Amant tranſy;
Mais bien-toſt ſur ce point vous ſerez eclaircy.

CLEANDRE.

Ie vay donc les attendre en cette hoſtellerie,
Ainſi que tu m'as dit!

PHILIPIN.

Depeſchez, ie vous prie!
Sur ce qu'on vous eſcrit vous pouuez bien iuger
Qu'en cette hoſtellerie elles viendront loger:
Ie vais entretenir Rozette leur ſeruante
Qui comme vous ſçauez, n'eſt pas deſobligeante:
Tandis preparez l'hoſte, & donnez ordre à tout.
Nous les amenerons, nous en viendrons à bout.
Sur tout gardez, Monſieur! de faire aucune faute.

CLEANDRE.

Ie n'y manqueray pas ; va va ; mais voicy l'hoſte.

❀❀❀❀❀❀❀❀❀❀❀

SCENE II.

CARPALIN, COVRCAILLET,

CLEANDRE.

CARPALIN.

POur boire du meilleur, Monſieur! entrés ceans.
Nous ne debitons point de gros vin d'Orleans.
Nous auons du Chably, de l'Arbois & du Beaune,
Et du bon Coindrieux qui croiſt au bord du Roſne.

COVRCAILLET.

Monſieur! l'on boit icy, mais du plus delicat
Du vin de Malaguet, Contepordrix, Muſcat,
Du vin de Laſciotat & de la Maluoiſie
Plus douce que Nectar, plus douce qu'Ambroiſie.

CARPALIN.

Il a de ces boiſſons comme i'en ay dans l'œil:
C'eſt du vin de Nanterre, ou du vin d'Argenteuil.
Qu'on ſeroit bien traicté chez ce vilain chat maigre!
Pour les éuanoüis il a de bon vinaigre.

COVRCAILLET.

De meilleur que le tien.

CARPALIN.

Tu n'es qu'vn gargotier:
Qu'vn frelateur de vin qui gaſte le meſtier.

COVRCAILLET.

O le gros fricaſſeur!

A ij

CARPALIN.

O l'impertinent drille,
C'eſt vn palefrenier qui fait dancer l'eſtrille!

GOVRCAILLET.

Monſieur venez chez moy, c'eſt vn écorche-veau.

CARPALIN.

Si tu ne ſorts d'icy, ie frotte ton muſeau.

CLEANDRE.

Meſſieurs accordez-vous!

CARPALIN.

Rentre, ou ie te bouchonne.

COVRCAILLET.

Toy, ſi tu l'auois fait, il t'en couſteroit bonne.

CLEANDRE.

En me tirant ainſi vous ne m'obligez point;
Vous auez en trois lieux deſchiré mon pourpoint!

CARPALIN.

Si ie prends vn baſton!

COVRCAILLET.

C'eſt ce que ie demande.

CLEANDRE.

Ne faites point icy de querelle plus grande,
Ce tumulte & ce bruit deſtourne les paſſans.
Allez i'entre en ce lieu.

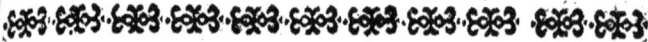

SCENE III.

CARPALIN, CLEANDRE.

CARPALIN.

C'Est parler de bon sens,
Monsieur ! asseurément c'est à la Teste-noire
Que les honnestes gens s'arresteront pour boire,

CLEANDRE.

Ce n'est pas pour le vin que ie m'arreste icy.
Auez-vous à manger?

CARPALIN.

Nous en auons aussi
Nous fournirons des mets & des plus delectables
Qui se peuuent seruir sur les meilleures tables,
Des Potages bien faits & bien assaisonnez,

CLEANDRE.

Il en faudra quelqu'vn.

CARPALIN.

Et des mieux mitonnez
De Pigeonneaux farcis, de volailles bien faites,
Auec des champignons, beatils, andouillettes,
Cardes, marons, pignons & fins palais de bœuf,
Couronnez de citron, grenade & iaune-d'œuf.

CLEANDRE.

C'est assez.

CARPALIN.

S'il vous plaist , nous aurons bien l'adresse
D'en faire au riz de veau, d'en faire à la Princesse,

Bisque & potage ensemble auec des pigeonneaux,
Auec poulets de grain, cailles & cailletteaux.

CLEANDRE.

Il n'en faut qu'vn fort bon.

CARPALIN.

Si vous en voulez quatre,
Ce n'est rien que du prix dont il se faut debatre.
Vous serez bien seruy, Iamais l'Escu-d'argent
N'a veu de potager qui soit plus diligent,
Qui sçache assaisonner d'vne meilleure sorte.
I'ay des bras Dieu mercy ! qui n'ont pas la main
    morte.

CLEANDRE.

Vous aurez quelque entrée?

CARPALIN.

On l'entend bien ainsi,
Haschis, langues de bœuf, & boudins blancs aussi,
Des poulets fricassez, auec la saulce blanche,
Quelque pieds de mouton, de iambon mis en
    tranche,
Vne capilotade auec croute de pain.

CLEANDRE.

C'est trop.

CARPALIN.

Ce n'est pas trop pour eueiller la faim,
Pour rosty nous aurons Chapons gras & Poulardes,
Gelinotes, Faisants, Tourtres, Perdris, Outardes,
Griues, Canards, Vanneaux, Cercelles & Ramiers,
Becassines, Courlis, Halebrans & Pleuuiers.

CLEANDRE.

Finissez ce recit mon Maistre, ie vous prie!

CARPALIN.

L'on ne manque de rien dans ceste hostellerie,
S'il faut des entremets, vn hachy de chapon
En raisin de Corinthe auec ius de mouton,
Vn bassin d'ortholans, quelqu'autre de gelée,
La piftache en ragout, l'amende rissolée?

CLEANDRE.
Il n'en faudra pas tant.
CARPALIN.
Si vous voulez du fruit
I'ay tout ce que de bon la Tourraine produit.
CLEANDRE.
C'eſt aſſez, c'eſt aſſez, ce long babil me tue!
Ie ne demande point de chere ſuperfluë.

CARPALIN.
Si vous vouliez traicter en vn iour de Poiſſon,
Nous en accomodons de plus d'vne façon.
Nous pourrions vous donner pour le premier ſer-
uice
Potage de ſanté, potage d'eſcreuiſſe,
Potage de poids-verds, d'eſperlans, de nauets,
D'oignons, de tailladins, de ris, & de panets;
Saumont, brochet, turbot, aloſe, truitte, & ſaule
Soit friſ au courboüillon, en ragouſt, en caſtrolle,
Saumonnez ou roſtis.
CLEANDRE.
C'eſt pour vn autre iour.
CARPALIN.
Nous y pourrions meſler quelques pieces de four.
Oeufs filez, œufs mignons, champignons à la
creſme,
Laiĉtances en ragouſts.
GLEANDRE.
Sa longueur eſt extreme.
CARPALIN.
Ramequins & bugnets, artichauts fricaſſez,
Gelée & blanc-manger.
CLEANDRE.
C'eſt aſſez, c'eſt aſſez,
Parlons pour le preſent.
CARPALIN.
Monſieur c'eſt pour vous dire
Qu'entre les Cabarets le mien n'eſt pas le pire.
A iiij

CLEANDRE.

Vne troupe modeſte en ce lieu doit venir,
Et de fort peu de mets ſa table on peut fournir.
Sur tout vous payant bien, pourez vous bien vous
De?   (taire,

CARPALIN.

De quoy? dites donc.

CLEANDRE.
D'vn amoureux miſtere.

CARPALIN.

D'vn miſtere amoureux? me faire cet affront?
Ha Monſieur la rougeur deſia m'en vient au front!
I'ay treſſué d'anhan oyant cette parole.

CLEANDRE.

Seichez cette ſueur auec cette piſtole;
Et croyez que chez vous ſi i'ay quelque bon-heur,
I'y ſçauray conſeruer tout bien & tout honneur.

CARPALIN.

C'eſt ce que ie demande, & i'abhorre le blâme;
Vous pouriez bien icy conduire quelque Dame.

CLEANDRE.

Ouy.

CARPALIN.

C'eſt tout-vn, i'apprend auecque les ſçauans,
Que l'on peut auiourd'huy viure auec les viuans.
Des affaires d'autruy ie ne m'enqueſte guere,

CLEANDRE.

Eſcoutez, nous aurons vne fille & ſa mere,
Quelques valets encor.

CARPALIN.
Ha ie vous entend bien!
Ce ſont en bon François gens qui ne valent rien.

CLEANDRE.

Nullement, nullement; voſtre diſcours m'irrite;
Ie vous parle de gens d'honneur & de merite.

CARPALIN.

Qui meritent l'honneur d'auoir la Fleur-de-lis.

CLEANDRE.
Infolent parlez mieux !

CARPALIN.
Si ce n'eſt rien de pis,

CLEANDRE.
Ne vous imprimés point vne peur ridicule.

CARPALIN.
Ma Maiſon iuſque icy ſe trouue ſans macule :
Lorſque i'y ſuis entré, ie l'ay fait reblanchir;
Ie veux m'y conſeruer plutoſt que m'enrichir;
Mais quand on eſt inſtruit, on peſche ſans ſcandale.

CLEANDRE.
Tout beau dãs mes deſſeins il n'eſt rien qui ſoit ſale;
C'eſt vne honeſte amour qui regle mon deſir.

CARPALIN.
Viuant en tout honneur vous me ferés plaiſir,

CLEANDRE.
La marmite eſt au feu?

CARPALIN.
Non; mais il l'y faut mettre,

CLEANDRE.
Mais le temps eſt preſſé, qui ne le peut permettre,
Auez vous vn chapon bien gras & bien refait?

CARPALIN.
Il m'en viendra du Mans qui ſeront à ſouhait,
S'ils ne ſont d'vne chair & delicate & tendre,
Fuſſent-ils en morceaux, ie les veux bien reprendre,

CLEANDRE.
Mais vous n'en auez point?

CARPALIN.
Non pas pour le preſent,

CLEANDRE.
O qu'icy ie rencontre vn hoſte mal plaiſant!
Auez-vous des poulets pour mettre en fricaſſée?

CARPALIN.
La porte de Paris n'eſt pas bien loing placée.
On ira promptement.

CLEANDRE.

　　　　N'auez-vous rien icy?
Quoy ny bœuf, ny mouton?

CARPALIN.

　　　　　　Il m'en vient de Poiſſy.

CLEANDRE.

N'auez-vous rien de cuit ? n'auez-vous rien pour
　cuire?

CARPALIN.

I'aurois vn pigeonneau qui pourroit bien vous duire.

CLEANDRE.

C'eſt trop peu qu'vn pigeon.

CARPALIN.

　　　　　Auſſi bien cet oiſeau
S'eſt noyé hier au ſoir beuuant dans noſtre ſeau.
Helas la pauure beſte elle eſt morte enragée!
Et nonobſtant cela, ma femme l'a mangée.

CLEANDRE.

'Auez-vous des paſtez? où me ſuis ie embourbé?

CARPALIN.

Monſieur ! pour des paſtez noſtre four eſt tombé:
Mais i'attens le Maçon qui s'en va le reſſaire.

CLEANDRE.

Eſt-ce ainſi que chez vous on fait ſi bonne chere?

CARPALIN.

Pour cette heure Monſieur / vous m'auez pris ſans
　vert:
S'il vous plaiſt toutes-fois vne ſaulce-Robert.
Nous auons de porc frais, de fines cottelettes
Graſſes, de bonne chair, tendres & bien doüillettes.

CLEANDRE.

Cela ne ſuffit pas; où m'a-t'on adreſſé?

CARPALIN.

Donnez moy de l'argent, ſi le cas eſt preſſé,
I'iray prendre vn chapon à la rotiſſerie.

CLEANDRE.

Il eſt fort à propos;faites donc, ie vous prie,
Et que l'on ait encore la couple de poulets:
Tenez,enuoyez donc,auez vous des valets?

CARPALIN.

Trouue t'on des valets ſans vice & ſans reproche?
Non; mais i'ay mon *Barbet* qui tourne bien la bro-
che.
Il ſera dans ſa rouë auant qu'il ſoit long-temps
Ie reuiendray bien-toſt.

CLEANDRE.

Allez , ie vous attends
Courez ie vous ſupplie,& ne demeurez guere.
Ma Maiſtreſſe en ce lieu ſera mauuaiſe chere;
Mais ie la feray bonne en voyant ſes beaux yeux
Dont l'azur eſt plus clair que n'eſt celuy des Cieux,
Quel homme vient icy? ſa preſence importune
S'en va ſeruir d'obſtacle à ma bonne fortune.

SCENE IV.

CLEANDRE, LISIPE.

CLEANDRE.

Eſt-ce vous cher Liſipe? eſt-ce vous que ie voy?
Ne m'abuſe je point?

LISIPE.

Non Cleandre , c'eſt moy.

CLEANDRE,

Quelle heureuſe rencontre!& quoy dans cette ville?

LISIPE.

I'ay fait aſſez long-temps vn meſtier inuiſible,
Où ie n'ay rien gagné ſi ce n'eſt quelques coups:
Il eſt temps que chez moy ie cherche vn ſort plus
     doux.
Ie me ſens tout vſé d'auoir porté les Armes,
Et pour moy deſormais le repos a des charmes.
Ie ſuis preſt d'eſpouſer vne rare Beauté
Où ie borne mes vœux & ma felicité:
Et i'ay fait de Paris le voyage auec elle,
Pour vuider vn procez qui dans ce lieu l'appelle.

CLEANDRE.

Depuis trois ans paſſez vous eſtes hors d'icy
Sans nous auoir eſcrit?

LISIPE.

     Cleandre il eſt ainſi;
Mais les mains qu'on employe à ſeruir aux armées,
D'eſcrire bien ſouuent ſont deſacouſtumées:
Puis on a de la peine à les faire tenir.

CLEANDRE.

Et puis de ſes amis on pert le ſouuenir.

LISIPE.

Point du tout, i'eus touſiours Cleandre en ma me-
     moire.

CLEANDRE.

C'eſt m'obliger beaucoup que me le faire croire,

LISIPE.

He bien l'on m'a conté que vous joüez touſiours!
Comment va la fortune?

CLEANDRE.

     Elle eſt dans le decours.
Ma Maiſon de Paris, depuis vn mois venduë,
En beaux deniers comptants dans mes mains s'eſt
     fonduë.

LISIPE.

Lors que le malheur dure, il eſt bien affligeant.
              CLEAN-

CLEANDRE.
Quand ie iette les dez, ie iette mon argent,
Et si ie m'emancipe à dire tope ou masse,
Le mal-heur qui me suit, ne me fait point de grace,
Si ie ioüe au piquet auec quelque ostrogot
Il me fera vingt fois pic, repic & capot.
En dernier il aura deux quintes assorties,
Et vingt fois pour vn point ie perdray des parties.
LISIPE.
Le jeu n'est pas plaisant lors que l'on perd ainsi.
CLEANDRE.
I'ay perdu le desir de plus ioüer aussi
Et i'en ay fait serment au moins pour six sepmaines.
LISIPE.
Les serments d'vn ioüeur sont des promesses vaines,
Ie suis fort asseuré que vous n'en ferez rien.
CLEANDRE.
Ie pretends menager le reste de mon bien,
Et n'iray plus tenter vn hazard si nuisible.
LISIPE.
Ha ceste retenuë est du tout impossible!
Vostre ame pour le jeu sent trop d'emotion.
CLEANDRE.
Elle est pleine auiourd'huy d'vne autre passion.
LISIPE.
D'ambition, d'amour?
CLEANDRE.
C'est d'amour, cher Lisipe!
LISIPE.
Dans ce jeu bien souuent, comme aux autres on pipe,
Et par fois tel amant s'embarque auec chaleur
Qui perd souuent son fait & ioüe auec malheur,
Est-ce pour vne vefue, ou bien pour vne fille?

CLEANDRE.
C'est pour l'vnique enfant d'vne bonne famille,
Pour vne fille riche & belle au dernier point.
B

LISIPE.
Et qui souffre vos soins?
CLEANDRE.
Et qui ne me hait point.

※ ※ ※ ※ ※ ※ ※ ※ ※ ※ ※

SCENE V.

LISIPE, PHILIPIN, CLEANDRE.

LISIPE.

Est-elle de Paris?

PHILIPIN *à part.*
Ha!

CLEANDRE.
Non, elle est d'Auxerre.

PHILIPIN *à part.*
C'est son riual.

LISIPE.
C'est-là que i'ay certaine terre:
M'aprendrez-vous comment se forma cet Amour?

CLEANDRE.
I'estois dedans Auxerre, & dans vn Temple vn iour.

PHILIPIN *à Cleandre.*
Monsieur que pensez-vous d'en vser de la sorte?

CLEANDRE.
C'est vn de mes amis.

PHILIPIN.
Il n'importe.

CLEANDRE.
Il n'importe?
Quand ie vis cet obiect si charmant & si beau,
Que ie dois l'adorer iusques dans le tombeau,

LISIPE.
Son nom?

PHILIPIN.
Gardez-vous bien.

CLEANDRE.
On la nomme Lucresse.

PHILIPIN.
Hé Monsieur!

LISIPE *à part.*
C'est aussi le nom de ma maistresse.

CLEANDRE.
Vn de ses gans tomba, i'allay luy presenter,
Et luy fis compliment.

PHILIPIN.
Il va tout luy conter.

CLEANDRE.
A ce premier abord nos deux cœurs tressaillirent ;
Nos ames doucement dans nos yeux se perdirent,
Et mutuellement aprirent en ce iour
Quelle est l'emotion d'vne premiere amour.
Ie la suiuis vingt pas, mais redoutant sa mere,

PHILIPIN.
Arrestez.

CLEANDRE.
Oste-toy qui parois fort seuere:
Elle me coniura de n'aller pas plus loing;
Mais i'apris sa demeure auec beaucoup de soin,
Et depuis dans Auxerre en differens voyages
I'obtins de ses bontez d'assez grands tesmoignages.

PHILIPIN.
Que dira-t'il encor?

CLEANDRE.
Mon valet par hazard
Cognoissoit sa seruante.

B ij

PHILIPIN.
Ha le Diable y ait part.

CLEANDRE.
Et ceste fille adroite & bien sollicitée
Auec beaucoup d'ardeur à m'aimer la portée,
Iusque à me protester & me donner sa foy
De n'accepter iamais d'autre mary que moy.

PHILIPIN.
Bon c'est bien debuté ! belle decouuerture!

LISIPE.
Amy ! voila sans doute vne belle auanture ;
Mais quelle occasion vous fait venir icy?

CLEANDRE.
Ma Maistresse bien-tost s'y doit trouuer aussi :
Car sa mere d'Auxerre auec elle l'ameine.

PHILIPIN.
Que dites-vous?

CLEANDRE.
Tay-toy.

PHILIPIN.
Vostre fiebvre quartaine!

CLEANDRE.
Dans cette hostellerie elles viendront loger:
L'hoste est vn homme adroit que i'ay sçeu menager.
Chez luy . . .

PHILIPIN.
Vous parlez mal.

CLEANDRE.
Maraut te veux-tu taire?
Ie verray librement cette beauté si chere.

PHILIPIN.
I'enrage;

LISIPE.
Auec sa mere il vous faudra traicter?

CLEANDRE.
En parlant à Lidame on pourroit tout gaster.

PHILIPIN.

Ha voila tout perdu!

LISIPE.

Sa mere est donc Lidame?

CLEANDRE.

Vous la cognoissez donc?

LISIPE.

Ouy, ouy pour vne femme
Qui prend de bons conseils , qui sçait en bien vser,
Et que malaisement vous pourez abuser.
Ie sçay qu'homme viuant n'espousera sa fille
Qu'il ne soit de fort noble & fort riche famille,
Et malgré tous vos soins, ie vous donne ma foy
Qu'elle n'aura iamais autre gendre que moy.

PHILIPIN.

Monsieur en tenez vous?

LISIPE.

Sur tout ie vous proteste
Qu'elle hait vn ioüeur comme elle fait la peste,
Auant qu'il soit long-temps , vous le pourrez sça-
uoir.

CLEANDRE.

Lisipe encor vn mot!

LISIPE.

Adieu iusque au reuoir.

SCENE VI.

PHILIPIN, CLEANDRE

PHILIPIN.

MA foy le trait eſt drole: ô Dieu quelle im-
　　prudence !
Faire à voſtre riual entiere confidence!

CLEANDRE.

Que dis-tu, Philipin ? Liſipe eſt mon riual?

PHILIPIN.

Roſette me l'a dit.

CLEANDRE.

　　　　　O mal-heur ſans égal!

PHILIPIN.

Moy, i'appelle cela ſottiſe ſans exemple.
Il a laiſſé Lucreſſe & ſa mere en vn Temple:
Cependant qu'en ces lieux il a voulu venir
Pour voir l'hoſtellerie & pour la retenir;
Et ſans voſtre rencontre & voſtre peu d'addreſſe ,
Vous euſſiez peu loger auec voſtre Maiſtreſſe.
Vous eſtiez bien preſſé de conter vos amours:
Lors que ie vous tirois, vous pourſuiuiez touſiours:
En decouurant ainſi tout ce qui vous regarde
Vous auez contenté voſtre humeur babillarde.
Vous pourrez deſormais vous adreſſer ailleurs:
Mes deſſeins ſont rompus, faites en de meilleurs;
Voſtre indiſcretion n'eut iamais de ſemblable.

CLEANDRE.

N'insulte point au sort d'vn amant miserable,
Le desespoir qui suit mon indiscretion,
Ne suffira que trop pour ma punition.
Croy que bien-tost ma mort finira ma misere.

PHILIPIN.

Ha gardez-vous en bien! vous ne sçauriez pis faire:
Entrons pour vous seruir ie veux faire vn effort,
On remedie à tout; mais non pas à la mort.

Fin du premier Acte.

ACTE II.

SCENE PREMIERE.

LISIPE, LVCRESSE, ROSETTE.

LISIPE.

Oicy l'appartement, belle & chere Lucresse!
Que suiuant mes desirs voftre mere vous
laisse.

LVCRESSE.

Il y faut demeurer; mais par quelle raifon
Nous faites vous loger dedans cette maifon?
Cette chambre eft petite, & de plus mal garnie.
Ie ferois beaucoup mieux dans l'autre hoftellerie.

LISIPE.

Ouy vous y feriez mieux; mais i'y ferois plus mal,
Vous verriez voftre amant, ie verrois mon riual.

LVCRESSE.

Quel riual? ha Lifipe expliquez-vous de grace!

LISIPE.

Ie m'explique affez-bien; ie fçay ce qui fe paffe.
Vn galant dans ce lieu n'auoit pas rendez-vous?

LVCRESSE.

Estes-vous insensé ?

LISIPE.

Non, mais ie suis jaloux:
Vous ne m'aimez pas fort.

LVCRESSE.

Cela pourroit bien estre.

LISIPE.

Vous cognoissez Cleandre ?

LVCRESSE.

Hé-bien pour le connoistre?
Vn motif si leger vous peut-il alarmer?
Est-ce vn crime si grand?

LISIPE.

C'en est vn de l'aimer.

LVCRESSE *à part.*

Il sçait tout, quel malheur!

LISIPE.

Vous rougissez Lucresse?

LVCRESSE

Si l'on me void rougir c'est de vostre foiblesse,
De vos soupçons fâcheux iniustement conceus.

LISIPE.

Ne vous emportez pas, respondez là dessus.
Pouuez-vous denier que vous aimez Cleandre,
Qu'en l'autre hostellerie il vous deuoit attendre?
Cleandre librement m'a tout dit auiourd'huy.

LVCRESSE.

Cleandre!

LISIPE.

Ouy Cleandre, ouy i'ay tout sçeu de luy?
De vostre affection il fait si peu de conte,
Qu'il s'en vante desia par tout à vostre honte,

LVCRESSE.

Dieu, que me dites-vous?

LISIPE.
Ie dis la verité.

LVCRESSE.
Ha quelle perfidie ! ha quelle lâcheté!

LISIPE.
C'eſt auecque raiſon que ce depit éclatte:
Pour punir cet ingrat ceſſez de m'eſtre ingratte,
Faites iuſtice à tous,& payez en ce iour
Le meſpris par la haine,& l'amour par l'amour,
Changez en vn feu pur vne ardeur criminelle.
Liſipe tout au moins,vaut bien vn infidelle;
Voſtre mere m'attend,adieu penſez y bien :
Ie ſuis aſſez diſcret pour ne luy dire rien.
Ce n'eſt pas ſans reget qu'ainſi ie me retire;
Mais chez ſon Procureur ie dois l'aller conduire.

SCENE II.

LVCRESSE, ROSETTE,

LVCRESSE.

I'Ay fait ſur l'apparence vn iugement bien faux,
Ha qu'vn homme bien fait a ſouuent de deffaux!
Que ce cruel meſpris ſenſiblement me fâche!
Que ie ſuis mal-heureuſe!& que Cleandre eſt lâche!

ROSETTE.
Mais........

LVCRESSE.
Ha ne me dis rien pour cet ingrat amant,
Et ne t'oppoſe point à mon reſſentiment?

Ie ne suis que trop foible encor contre ce traître;
Mais que veut le valet de ce perfide Maistre?

❧❧❧❧❧❧❧❧❧❧❧❧❧❧❧❧❧❧❧❧

SCENE III.

PHILIPIN, LVCRESSE, ROSETTE.

PHILIPIN.

ROsette, Dieu te gard!
ROSETTE.
Où viens-tu malheureux?
Si Lidame ou Lisipe.
PHILIPIN.
Ils sont sortis tous deux.
ROSETTE.
Chez nostre Procureur ils vont pour quelque affaire,
Il loge icy tout proche, ils ne tarderont guere,
PHILIPIN.
Ie ne tarderay guere à m'en aller aussi.

LVCRESSE.
Que vous dit Philipin? que cherche-t'il icy?

PHILIPIN.
Ie viens vous y chercher de la part de Cleandre.
Escoutez.
LVCRESSE.
De sa part ie ne veux rien entendre.

PHILIPIN.
La fierté vous sied bien, mais puis-je me flatter
Que de ma part au moins vous vouliez m'escouter?

LVCRESSE.

Non, sortez.

PHILIPIN.

D'où luy vient cette humeur dedaigneuse?
Ie ne la vis iamais si triste & si grondeuse,

ROSETTE.

Elle en a bien raison ; ton Maistre.....?

PHILIPIN.

Qu'a-t'il fait?

ROSETTE.

Ton maistre n'est ma foy qu'vn insolent parfait,
Il sçait fort mal couurir l'honneur d'vne maistresse;
Lisipe a sceu de luy les secrets de Lucresse.

LVCRESSE.

Mes bontez l'ont rendu trop vain & trop hardy,

PHILIPIN.

A dire vray, mon Maistre est assez estourdy;
Mais sa franchise seule, & non pas sa malice
Luy rend souuent ainsi quelque mauuais office,
Lisipe est son amy ; mais ie puis protester
Qu'il n'a rien sceu de luy qui vous doiue irriter.

LVCREESE.

Ce qu'il a dit pourtant n'est pas fort à ma gloire,

PHILIPIN.

Lisipe est son riual, on ne le doit pas croire.

LVCRESSE.

Son raport par le tien n'est que trop confirmé.
Commençant d'estre ingrat il cesse d'estre aimé.

PHILIPIN.

Ma foy si vous sçauiez comment de cette offence
Des-ja mon pauure Maistre a fait la penitence,
Comme il se desespere, & iure en son transport
Que pour perdre Lisipe il differe sa mort,
D'vne fiere tigresse eussiez vous la furie,
Ie gage qu'à l'instant vous seriez attendrie,
Vous en auriez pitié.

LVCRESSE,

LVCRESSE.

Ie n'en dois point auoir.
Va dis luy que iamais il n'espere me voir.
Mon amour fut moins grand que ma colere est
forte.

PHILIPIN.

C'est dont fait de sa vie.

LVCRESSE.

Il n'importe, il n'importe,

PHILIPIN.

Peste qu'elle est cruelle!

LVCRESSE.

Ouy : sors sans raisonner ;
Dis-luy que ie ne puis iamais luy pardonner,

PHILIPIN.

Vous voulez donc qu'il meure?

LVCRESSE.

Apres vn tel outrage
Qu'il meure, il ne sçauroit m'obliger dauantage.
Va, va l'en aduertir, va donc: mais quoy? reuien,

PHILIPIN.

Que luy diray-ie enfin?

LVCRESSE.

Dis-luy ; ne luy dis rien.

PHILIPIN.

Voila bien des façons pour n'auoir rien à dire,

LVCRESSE.

A ce iuste courroux mon cœur ne peut soubscrire,
Tout criminel qu'il est, ie ne le puis hair.
Ie ne puis me vanger, quoy qu'il m'ait pû trahir.
Et s'il auoit pour moy quelque tendresse encore,
Ie luy pardonnerois.

PHILIPIN.

Madame il vous adore,
Et s'il n'a pas l'honneur de vous voir auiourd'huy,
Ie le tiens assez sot pour en mourir d'ennuy,

LVCRESSE.

Helas! comment le voir?

C

PHILIPIN.

La choſe eſt fort aiſée.
Pour peu qu'à le ſouffrir vous ſoyez diſpoſée,
Vous pouuez quelque-part luy donner rendez-vous.

ROSETTE.

Quelqu'vn heurte à la porte:ha Dieu que ferons
　　nous!
C'eſt voſtre amant bouru; ie tremble en chaque
　　membre.

LVCRESSE.

I'ouuriray, fais le entrer dedans cette antichambre.

SCENE IV.

LISIPE, LVCRESSE,
PHILIPIN, ROSETTE.

LISIPE.

VOus reuenez bien-toſt?

LISIPE.

Ce n'eſt pas ſans raiſon.

LVCRESSE.

Comment?....

LISIPE.

Le Procureur n'eſt pas à la maiſon.

LVCRESSE.

Ma mere pour l'attendre eſt elle demeurée?

LISIPE.

Nullement,dans ſa chambre elle s'eſt retirée.
Et ie vais cependant chercher quelques papiers
Qu'il faut dans le procez produire les premiers.

LVCRESSE.
Où voulez-vous aller?

LISIPE.
Prendre noſtre valize,
Dedans cette anti-chambre où noſtre hoſte l'a
miſe.

LVCRESSE.
De grace demeurez!

PHILIPIN.
S'il me void, ie ſuis mort.

LISIPE.
D'où vient qu'en m'arreſtant vous vous troublez ſi
fort?

PHILIPIN.
Ma foy c'eſt à ce coup.

LVCRESSE.
Ie vay vous en inſtruire:
Eſcoutez ſeulement, i'ay beaucoup à vous dire.
Ie veux vous decouurir vn important complot:
Philipin eſt icy.

PHILIPIN.

Me voila pris pour ſot.

LISIPE.
Quel eſt ce Philipin?

LVCRESSE.
Le valet de Cleandre.

PHILIPIN.
Ie ſuis gaſté ſans doute, on luy va tout apprendre.

LVCRESSE.
Philipin eſt icy venu me coniurer
De donner rendez vous.

PHILIPIN.
Où dois-je me fourer?

LVCRESSE.
De ce diſcours encor ie ſuis toute interditte.

PHILIPIN.
Pour vn bras diſloqué i'en voudrois eſtre quitte.

C ij

LISIPE.

Ha que ne tien-ie icy ce maudit Philipin!

PHILIPIN.

Ie ne me vis iamais si proche de ma fin.

LISIPE.

Qu'auez-vous respondu belle & chere Lucresse?

LVCRESSE.

I'ay trompé ce valet.

PHILIPIN.

Ha la bonne traistresse!

LVCRESSE.

A tout ce qu'il a dit i'ay feint d'y consentir,
A dessein seulement de vous en aduertir,
Et de me plaindre apres de vostre deffiance.

PHILIPIN.

Ha pauure Philipin, songe à ta conscience!

LISIPE.

Le dessein de Cleandre est de vous enleuer;
Mais Madame! en quel lieu se deuez-vous trouuer?

LVCRESSE.

Dans la place Royalle.

PHILIPIN.

Elle donne le change.

LISIPE.

De ce lasche riual il faut que ie me vange;

LVCRESSE.

Où courez-vous Lisipe!

LISIPE.

Ha ne m'arrestez-pas!
Ie vais au rendez-vous le trouuer de ce pas;

SCENE V.

LVCRESSE, ROSETTE, PHILIPIN.

LVCRESSE.

Fais venir Philipin.

ROSETTE.

Sors, sors en diligence.

PHILIPIN.

Vous venez d'exercer assez ma patience.
D'vne fiebvre quartaine vn importun frisson
Ne m'eust pas fait trembler de meilleure façon.
Mais pour reuoir mon Maistre il est temps que ie
sorte;
Ne vous verra-t'il point quelques-fois à la porte?

LVCRESSE.

Ouy, dis-luy qu'il pourra me parler vn moment,
Quand il verra sortir ma mere & mon amant.

PHILIPIN.

Pour vostre amant ialoux dans peu de temps i'espere
Qu'il n'obsedera plus ny vous ny vostre mere.

LVCRESSE.

Parles-tu tout de bon?

PHILIPIN.

C'est vn coup asseuré
Pour cet effect nostre hoste est des-ja preparé.

C iij

Il doit se deguiser & c'est pour vn mistere
Qu'à mon maistre indiscret i'ay mesme voulu
 taire,
De crainte qu'il ne veinne encor nous tourmenter,
Et qu'en pensant bien faire il n'aille tout gaster:
Mais comme ie cognois que vous estes discrette,
Cette affaire pour vous ne sera pas secrette.

ROSETTE.

Dieu! la porte est ouuerte & voicy le jaloux.

SCENE VI.

LISIPE, LVCRESSE, PHILIPIN, ROSETTE.

LISIPE.

VOus ne m'auez pas dit l'heure du rendez-
 vous:
Mais que veut ce maraut?
PHILIPIN.
    C'est vous que ie demande
Pour vous dire deux mots d'importance fort
 grande.
LISIPE.
Parle.....
PHILIPIN.
   C'est en secret que ie vous dois parler.
ROSETTE.
Ie le tiens fort subtil, s'il peut s'en demesler.

PHILIPIN. *à Lisipe*,

par l'ordre de Cleandre auec beaucoup d'adresse
Ie suis venu sonder la vertu de Lucresse;
Et i'ay par mes discours si bien sçeu l'emouuoir
Que mon Maistre a receu rendez-vous pour la voir:
Mais sçachant vostre amour, loin de vous faire ou-
    trage
Il renonce pour vous à ce grand aduantage:
Et veut vous faire voir par ce prompt change-
    ment
Qu'il est meilleur amy qu'il n'est discret amant.
Il ne pretend plus rien au cœur de cette belle
Et vous fait aduertir d'auoir l'œil dessus elle.

LISIPE.

Pour vn si bon aduis reçois ce diamant:
Que ton Maistre m'oblige!

PHILIPIN.

      O Dieu, quel changement!

LISIPE.

Madame Philipin de la part de Cleandre
Touchant le rendez-vous vient de me tout appren-
    dre,
Le croyant mon amy, ie n'estois pas trompé.

LVCRESSE *à part.*

La deffaite est fort bonne, & Lisipe est dupé.

❦❧❦❧❦❧❦❧❦❧❦❧❦❧❦❧❦❧❦❧

SCENE VII.

LISIPE, CARPALIN,
deguisé en Paisan.
PHILIPIN, LVCRESSE,
ROSETTE.

LISIPE.

MAis que nous veut cet homme?
        PHILIPIN.
                Il paroit sans malice...
C'est nostre hoste Madame! aidez à l'artifice.
        CARPALIN.
Monsieur ne vous deplaise! on m'auoit dit qu'icy
Ie trouuerois Lisipe.
        LISIPE.
                Oüy l'on m'appelle ainsi:
Voulez-vous me parler?
        CARPALIN.
                Ie veux plutost me taire,
Ie suis vn des fermiers de Monsieur vostre pere
Le pauure homme: ha Monsieur! songeant à ses mal-
        heurs,
Ie n'ay pas le pouuoir de retenir mes pleurs.
        LISIPE.
Quel malheur, quoy mon pere a-t'il fait quelque
        perte?
        CARPALIN.
La plus grande en effet qu'il ayt iamais soufferte.
        LISIPE.
Quelle?

CARPALIN.

Vous l'apprendrez trop-tost à vos defpens.

LISIPE.

Dites-moy tout; c'eft trop me tenir en fufpends.

CARPALIN.

J'ay le cœur trop ferré pour le pouuoir permettre:
Mais voftre oncle Albiran m'a chargé d'vne lettre
Qui vous fera fçauoir pourquoy ie pleure tant.

LISIPE.

Donnez-donc ; depefchez.

CARPALIN.

Vous l'aurez à l'inftant:
Elle n'eft point icy.

LISIPE.

Ie meurs d'impatience.
Cherchez dans l'autre poche auecque diligence.

CARPALIN.

Ouy : nous la trouuerons Monfieur affeurémant:
Ie croy que ie la tiens.

LISIPE.

Voyez dont promptement.

CARPALIN.

Ie ne lis pas fort bien des lettres fi mal faites:
Il faut que pour cela ie prenne mes lunettes.

LISIPE.

C'eft trop perdre de temps, donnez-moy ce papier
il lit.
A Monfieur Paul Grimaud apprenty fauetier.

CARPALIN.

Ce n'eft donc pas pour vous : c'eft pour le fils du
frere
Du nepueu du coufin de deffunct mon compere.

LISIPE.

Depefchez de trouuer celle qui m'appartient.

CARPALIN.

Cà cherchons.

LISIPE.

Sçauez-vous tout ce qu'elle contient?

CARPALIN:

Ouy Monſieur ; mais il faut pourtant qu'elle ſe
treuue.

LISIPE.

C'eſt pour ma patience vne trop longue eſpreuue.

CARPALIN.

Monſieur aſſeurement ie l'auray laiſſé choir,
Tirant dans le batteau ma bource & mon mouchoir,
Alors qu'il a falu payer m'on batelage.

LISIPE.

Ne me retenez plus en ſuſpend dauantage:
Dites-moy promptement ce qu'on m'a pu mander.

CARPALIN.

Le diray-ie Monſieur?

LISIPE.

Dites ſans plus tarder.

CARPALIN.

Feu voſtre pere eſt mort , c'eſt tout ce qu'on vous
mande.

LISIPE.

Que ma douleur eſt viue & que ma perte eſt grande!
Mais il me vid partir en fort bonne ſanté.

CARPALIN.

Il fut ſurpris du mal dez qu'il vous eut quitté;
Quelques heures apres il ſe trouua ſans vie:
Ce mal à ce qu'on dit s'appelle punaiſie,

PHILIPIN.

Ou plutoſt pleureiſie.

CARPALIN.

Ouy, Monſieur iuſtement!
Nous autres bonnes gens parlons groſſierement.

LISIPE.

Madame pour mettre ordre au bien de feu mon
pere
Ma preſence au pays ſera fort neceſſaire.

LVCRESSE.

Ma mere auroit grand tort d'empescher te depart,
Quand donc partirez-vous?

LISIPE.

Dans vne heure au plus tard.
De cet éloignement ie ne puis me deffendre;
Mais pres de vous bien-tost i'espere de me rendre,

CARPALIN.

Ie vay vous dire à Dieu, Monsieur!

LISIPE.

Non, demeurez.
Vous disnerez ceans & puis vous partirez.

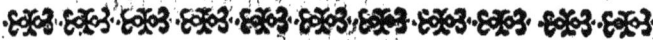

SCENE VIII.

CLEANDRE, LISIPE, CARPALIN, PHILIPIN, ROSETTE, LVCRESSE.

LISIPE.

Mais i'aperçois Cleandre, amy que ie t'embrasse!

LVCRESSE *à part.*

Il reçoit cet accüeil de fort mauuaise grace,

PHILIPIN *à part.*

Sans doute il n'est venu que pour le quereler?

CLEANDRE.

Ie voudrois bien, Lisipe, en secret vous parler!

LISIPE.

Il n'en est pas besoin, je sçay ce qui t'ameine,
Et desja de ta part l'on m'a tiré de peine:
Que ne te dois-je point pour vn si grand effort?

CLEANDRE.

Qu'auez-vous donc apris? vous me suprenez fort.

ROSETTE.

Il va tout decouurir.

PHILIPIN.

Cela pourroit bien estre.

LISIPE.

Philipin m'a tout dit.

CLEANDRE.

Et qu'a-t'il dit, le traistre?

LISIPE.

Vostre dessein secret touchant le rendez-vous.

PHILIPIN.

Monsieur!

CLEANDRE.

Tu sentiras ce que pesent mes coups.

LISIPE.

A quoy bon vous seruir d'vne veine subtile,
Puis que vous renoncez à l'amour de Lucresse?

CLEANDRE.

Moy j'y renoncerois.

PHILIPIN.

Ouy; vous me l'auez dit,

CLEANDRE.

Ha fripon!

PHILIPIN.

Ha Monsieur! soyez moins interdit.

CLEANDRE.

Ie respecte ce lieu, maraust! mais ie te iure
Que mes coups puniront tantost son imposture.

PHILI

PHILIPIN. *à Lisipe.*

Mon Maiftre maintenant m'a dit tout le fecret :
s'il eft fort genereux, il n'eft pas moins difcret,
Et vous cedant Lucreffe, il croit qu'en fa prefence
Il ne peut l'aduoüer auecque bien-feeance.
Il eft plus circonfpect que l'on ne peut penfer.

LISIPE.

Il a raifon, & moy i'ay tort de le preffer;

LVCRESSE.

Ie ne vous feray plus de contrainte plus grande.
Ie fors; pres de ma mere il faut que ie me rende,
elle parle à Cleandre.
Diffimule, aime, efpere, & tu feras aymé.

LISIPE.

Amy qu'a-t'elle dit? que i'en fois informé.

PHILIPIN.

I'ay bien tout entendu, i'eftois d'elle affez proche,
Elle vient de luy faire vn fignalé reproche,
Dites-ouy.

CLEANDRE.

Ouy Lifipe!

LISIPE.

Ha ie m'en doutois bien!
Ie n'ay point veu d'efprit auffi fier que le tien.

CLEANDRE *regardant Carpalin.*

Mais voila Carpalin veftu pour faire rire:
D'où vient ce changement?

CARPALIN *à part.*

Monfieur qu'allez vous dire?

LISIPE.

Connoiffez-vous cet homme?

CLEANDRE.

Ouy ie le connoy fort.

LISIPE.

Il eft venu me faire vn funefte rapport;
Du trefpas de mon pere il ma dit la nouuelle.

PHILIPIN. *à Carpalin.*

Ie vous l'auois bien dit qu'il a peu de ceruelle.

D

CLEANDRE.

Comment plutoſt que vous a-t'il ſceu ce treſpas?

PHILIPIN.

C'eſt, ...

CLEANDRE.

Laiſſe-moy parler; ne m'importune pas ;
Cet homme eſt de Paris.

LISIPE.

Ton erreur eſt extreme;
C'eſt vn de mes fermiers.

CLEANDRE.

Vous vous trompez vous meſme;
Ie le dois bien ſçauoir , ie loge en ſon logis,

CARPALIN.

Ie vays eſtre bien-toſt payé de mes auis;

LISIPE.

Quoy fourbe! quoy meſchant ! tu dis donc que mon
pere

CARPALIN.

Il ſe porte fort bien , n'entrez point en colere;

CLEANDRE.

Pour auoir ton pardon dis nous la verité.

LISIPE.

Aprens nous qui t'enuoye.

PHILIPIN.

Ha voilà tout gaſté!

CLEANDRE.

Parle donc.

CARPALIN. à Cleandre.

C'eſt pour vous qu'on m'a mis en beſogne;

PHILIPIN.

Vous en auez menty ſot! impoſteur! yurogne!

LISIPE.

Aſſomme ce maraut.

PHILIPIN.

Ie n'y vay pas manquer.

CARPALIN.

Quoy traiſtre Philipin!

PHILIPIN.

Sors, ſors ſans repliquer.

SCENE IX.

CLEANDRE, LISIPE.

CLEANDRE.

DE cette lâcheté me croyez vous capable?

LISIPE.

Ie ſçay trop à quel point ie te ſuis redeuable;
Tu m'as cedé Lucreſſe, & tu m'as déchargé
Du ſoing d'vn long voyage où i'eſtois engagé.
Ie ſçay que ta franchiſe eſt trop noble & trop pure,
Pour pouuoir conſentir à la moindre impoſture,
Ie ſerois inſenſé ſi i'auois ce ſoupçon,

SCENE X.

CLEANDRE, PHILIPIN, LISIPE, COVRCAILLET.

PHILIPIN.

IE viens de l'aiuster de la bonne façon,
Il est estropié pour plus d'vne sepmaine.

COVRCAILLET.

Monsieur on vous attend dans la chambre prochaine!
Le disner est seruy,

LISIPE.
Ie vais suiure vos pas,
Amy viens auec nous prendre vn mauuais repas!

CLEANDRE,

Ie sors de table, allez vous vous faites attendre,
C'est pour vne autre fois.

LISIPE.
A Dieu donc cher Cleandre!
Ie ne suis point ingrat, croy que de tout mon bien
Tu me feras plaisir d'vser comme du tien.

CLEANDRE. *à Philipin.*
Hé bien est-ce l'entendre? apres ce tour d'adresse
Ne puis-ie pas souuent visiter ma maistresse?
Lisipe est pris pour dupe, & ie suis le plus fin,
Il me croit son amy, qu'en dis-tu, Philipin?

PHILIPIN.

Moy, ie dis que i'enrage, & comme à l'ordinaire
Que vous deſtruiſez tout, quand vous penſez bien
    faire:
Vous eſtiez bien tenté par l'indiſcretion
De decouurir noſtre hoſte en cette occaſion.

CLEANDRE.

C'eſt par là que Liſipe a connu ma franchiſe.

PHILIPIN.

C'eſt par là que mon Maiſtre a fait voir ſa ſotiſe:
Noſtre hoſte n'a parlé que pour vos intereſts,
Il s'eſt pour vous ſeruir deguiſé tout expres,
Et des-ja par ſa feinte à voſtre amour vtile
Liſipe alloit quitter Lucreſſe & cette ville,
Et deuant ſon retour vous euſſiez aiſement
Fait conſentir la belle à ſon enleuement.

CLEANDRE.

Qu'ay-ie dit! qu'ay-ie fait! que ie ſuis miſerable!

PHILIPIN.

Ma foy voſtre imprudence eſt vn mal incurable.

CLEANDRE.

Ha ne m'accuſe point, accuſe mon malheur
Et ne condamne point ma plainte & ma douleur.

PHILIPIN.

Aprenez que des ſots la plainte eſt le partage.
Parlons de mettre encor quelque ruſe en vſage.

CLEANDRE.

Quoy ſçais-tu quelque ruſe?

               D iij

PHILIPIN.

　　　　Il faut en inuenter;
Mais ſortons de ce lieu : l'on nous peut eſcouter,

CLEANDRE.

Que crains-tu?

PHILIPIN.

　　　　Ie crains tout en affaires pareilles.
Les murailles, Monſieur, ont ſouuent des oreilles!

Fin du ſecond Acte.

ACTE III.

SCENE PREMIERE.

ROSETTE, PHILIPIN.

ROSETTE.

Audits foient mille fois les hommes fans
 ceruelle!
Auec fes fots difcours il nous l'a donné belle,
Ce Cleandre indiferet de qui l'efprit leger
Semble prendre plaifir à nous faire enrager.

PHILIPIN.

Vois-tu / que ta colere à ton intereft cedde:
Ne parlons plus du mal, & fongeons au remede.
En generofité mon Maiftre eft fans égal.
Qu'importe qu'il foit fot, puis qu'il eft liberal?
Tu te dois affeurer que de tes affiftances
Tu receuras de luy de bonnes recompenfes:
Pour t'en donner des-ja quelque figne euident
Tien prend ces deux Louis toufiours en attendant.

ROSETTE.

I'en auray donc encor?

PHILIPIN.

N'en doute point, Roſette!
Si mon Maiſtre eſt heureux, noſtre fortune eſt faite;

ROSETTE.

Cet or n'a point d'eſclat qui me puiſſe toucher:
Ie le prend toutesfois de peur de te fâcher.
Ie ſuis fort genereuſe, & ſi ie ſers Cleandre,
L'amitié ſeulement me le fait entreprendre.
Quel dommage de voir qu'vn amant ſi loyal
Auec le cœur d'vn Prince ayt l'eſprit d'vn cheual?
Ma foy i'en ay pitié.

PHILIPIN.

Treve de raillerie!
Et ſur noſtre deſſein raiſonnons, ie te prie:
Il nous faut éloigner Liſipe de ces lieux.

ROSETTE.

Iamais homme pour moy ne fut plus odieux?
Que ie hay ſon humeur deffiante & ſeuere!
Pour le chaſſer d'icy ie ſuis preſte à tout faire,

PHILIPIN.

Tâchons pour cet effet d'agir auec ſuccez;
Ne ſçais tu point où ſont les papiers du procez?

ROSETTE.

Il ſont dans noſtre chambre, & dans noſtre valize
Enfermés dans trois ſacs de groſſe toile griſe,
Et dans vn autre ſac de velours noir & vieux
Sont les plus importants & les plus precieux;
I'en ay fait le paquet.

PHILIPIN.

Bon! cache en diligence
Le ſac où ſont ſerrez les papiers d'importance;
Quand on t'en parlera, d'vn air humilié
Pleure, & dis que tu crains de l'auoir oublié.

ROSETTE.

Mais quel eſt ton deſſein?

PHILIPIN.

Ne le peus tu comprendre?
Liſipe partira d'abord pour l'aller prendre;

Et nous ferons defaits de cet amant ialoux.

ROSETTE.

S'il ne tient qu'à cela, va, la vache est à nous:
Mais ne connois-tu point quelque valet fidelle?
Lidame en a besoing.

PHILIPIN.

Ha l'heureuse nouuelle!
Peu-tu pas m'introduire à tiltre de valet?

ROSETTE.

La chose est fort aisée;ouy tu seras son fait.
Cleandre vient;de peur qu'il ne nous puisse nuire;
De nos desseins secrets garde de luy rien dire.
Ton Maistre,tu le sçais,n'est rien qu'vn Maistre sot,

PHILIPIN.

Va,rentre & ne crains rien.

SCENE II.

CLEANDRE, ROSETTE.

PHILIPIN.

CLEANDRE.

Rosette escoute vn mot,

ROSETTE.

C'est pour vne autre fois.

PHILIPIN.

Monsieur le temps la presse;
Il faut qu'elle se rende aupres de sa Maistresse,

CLEANDRE.

Demeure ;ie ne veux t'arrester qu'vn instant.

ROSETTE.

Ie n'ay pas le loisir,ma Maistresse m'attend.

CLEANDRE.

Mais ie ſouhaitterois te dire quelque choſe.

ROSETTE.

Mais ie ſerois grondée & vous en ſeriez cauſe;
A Dieu.

CLEANDRE.

De cet accueil ie ſuis peu ſatisfait;
Et mes quatre Louis ne font pas grand effet:
Mais les as-tu donnez?

PHILIPIN.

Voila belle demande!
I'ay touſiours eu Monſieur, la conſcience grande.

CLEANDRE.

Quoy tous quatre!

PHILIPIN.

Ouy tous quatre, & qu'auez vous penſé?
De vos ſoupçons, Monſieur! ie me tiens offencé.
Pour vn homme d'honneur vous me deuez con-
noiſtre;
Sinon, cherchez valet, i'iray chercher vn maiſtre.

CLEANDRE.

Ha mon cher Philipin de grace excuſe-moy:
En effet i'ay grand tort de ſoupçonner ta foy.
Ne m'abandonne point, ie ſçay ton innocence:
Ie perdrois auec toy toute mon eſperance.

PHILIPIN.

Ouy, ſçachez qu'en effet ie vaus mon peſant d'or;
Et qu'vn valet habile eſt vn rare treſor.

CLEANDRE.

Ta fortune doit eſtre à la mienne enchainée;
Mais ne me quitte point de toute la iournée.
Ie me ſens de joüer vne demangeaiſon
Dont ie crains le ſuccez auec grande raiſon.
Si ton ſoin ne s'oppoſe au demon qui me tente,
Ma bourſe pourroit bien deuenir moins peſante.

PHILIPIN.
Ha c'eſt de quoy ſur tout il vous faut bien garder.

CLEANDRE.
Lucreſſe eſt à la porte, il la faut aborder.

SCENE III.

CLEANDRE, PHILIPIN, LVCRESSE.

CLEANDRE.

PAr quel excez de grace, ô Merueille adorable!
Vous daignez vous montrer aux yeux d'vn miſ
ſerable?
Le bien que ie reçoy de vous entretenir,
De mes ennuis paſſez m'oſte le ſouuenir:
Mais quoy, voſtre beauté dont l'eſclat me conſole
En excitant ma ioye, interdit ma parole,
Et vous n'ignorez pas qu'entre les vrais amants
Le ſilence en dit plus que les raiſonnements.

LVCRESSE

Helas!...

CLEANDRE.

Vous ſouſpirez, ô ma chere Maiſtreſſe!

LVCRESSE.
Ce ſoûpir malgré moy, vous fait voir ma foibleſſe;
Et mon cœur où l'amour triomphe du courroux,
Soûpire du regret de ſoûpir er pour vous.
Il ſe plaint en ſecret du charme inconceuable
Qui malgré vos deffauts, vous rend encor aimable.

Et par vn ascendant qu'on ne peut exprimer,
Quand ie veux vous haïr, me force à vous aimer,

CLEANDRE.

Ie souffre tout de vous : vne iniure cruelle
S'adoucit en sortant d'vne bouche si belle;
Et de qui mesme encor ie ne me plaindrois pas
Quand elle auroit dicté l'arrest de mon trépas,
Ouy, vous me pouuez dire, adorable merueille,
Qu'il n'est point d'imprudence à la miéne pareille,
Mais auec verité ie puis dire à mon tour
Qu'on ne void point d'ardeur pareille à mon
　　amour,
Ie brûle....

LVCRESSE.

　　　　Ie le croy; mais cependant ie tremble
De crainte que quelqu'vn ne nous suprenne enséble,

CLEANDRE.

Si Lisipe en effet me rencontre auec vous,
Nous deuons craindre tout de son esprit ialoux;
I'ay bien manqué de sens de mettre en euidence
L'intrigue de mon hoste auec tant d'imprudence,
Ie meurs de deplaisir d'auoir esté l'autheur
Du seiour important de ce persecuteur.

LVCRESSE.

Dans cet euenement ie suis la plus à plaindre
Il croit se faire aimer, alors qu'il se fait craindre,
Vn reproche eternel fait tout son compliment
Il s'erige plutost en maistre qu'en amant
Et sçachant que pour luy ma mere s'interesse,
Il me traicte en esclaue, & non pas en Maistresse,

CLEANDRE.

Ie vous sçauray venger de cette indignité,
Qu'il craigne la valeur d'vn riual irrité.
Son audace sera de sa perte suiuie,
Il receura la mort ou ie perdray la vie.

LVCREESE.

Si i'ay dessus vostre ame encor quelque pouuoir,
En perdant ces desirs, vous me le ferez voir,

Il n'eſt rien d'aſſeuré dans le ſuccez des armes;
Voſtre ſang en danger feroit couler mes larmes,
Mon eſprit incertain ſeroit trop alarmé,
Liſipe eſt moins hay que vous n'eſtes aymé.

PHILIPIN.

Liſipe ſort, Madame!

LVCRESSE.

O Ciel, ie ſuis perduë!

CLEANDRE.

I'ay peine à retenir ma colere à ſa veuë.

SCENE IV.

LISIPE, CLEANDRE, LVCRESSE, PHILIPIN.

LISIPE.

CLeandre tient fort mal ce qu'il m'auoit promis:
Ce n'eſt pas le moyen d'eſtre long-temps amis,
Quoy caioler Lucreſſe & ſeule & dans la ruë?
Sa paſſion banie eſt bien-toſt reuenuë.
S'il deuient mon riual, il ſe doit aſſeurer
Qu'entre-nous l'amitié ne ſçauroit plus durer.

CLEANDRE.

Perdant voſtre amitié, ie perdray peu de choſe

LISIPE.

D'vn meſpris ſi nouueau ie deuine la cauſe:
Ne vous contraignez point, faites vn libre aueu.

CLEANDRE.

Pour vn amy pareil ie me contrains fort peu.

E

LISIPE.

Lucreſſe vous plaiſt fort?

CLEANDRE.

         Cela pourroit bien eſtre,

LISIPE.

Vous luy parliez d'amour, n'eſt il pas vray?

CLEANDRE.

           Peut-eſtre.

PHILIPIN.

He bien peut-on iamais parler plus ſottement?
Il a beaucoup de cœur, mais peu de iugement.

LISIPE.

Ie voy qu'il faut qu'enfin nous ſoyons mal enſemble.

CLEANDRE.

Ouy vous deuez me craindre & plus qu'il ne vous
ſemble.

LISIPE.

Ha vous m'en dites trop!

CLEANDRE.

        Ie n'en dis pas aſſez:
Vous n'eſtes pas Liſipe encor où vous penſez,

LISIPE.

C'eſt trop vous emporter.

LVCRESSE.

        C'eſt auecque iuſtice.
Qui pourroit ſupporter vn ſemblable caprice!
Quoy quand Cleandre vient me dire ingenument
Qu'il eſt plus voſtre amy qu'il n'eſtoit mon amant,
Quand en voſtre faueur auec ſoin il s'employe,
Iure que vos plaiſirs feront toute ſa ioye,
Que ſon repos depend du bon-heur de vos feux,
Et qu'il ſera content quand vous ſerez heureux,
Vous vſez auec luy d'orgueil & de menace,
Et l'oſez quereller loin de luy rendre grace?
Ce procedé l'eſtonne, & c'eſt fort iuſtement
Qu'il ne l'a pû ſouffrir ſans quelque emportemen

LISIPE. *à Cleandre.*

Quoy tu parlois de moy pres de l'obiet que i'ayme?

PHILIPIN. *à part.*

Monsieur il faut mentir.

CLEANDRE.

C'est la verité mesme,

PHILIPIN,

Bon, c'est fort bien parler.

LISIPE.

Amy pardonne moy!
I'ay grand tort en effet de douter de ta foy.
Excuse d'vn amant l'humeur trop deffiante,
Qui de rien ne s'asseure & de tout s'épouuante,
Ie sorts de mon erreur, ie iure & te promets
En de pareils soupçons de ne tomber iamais.
Pour t'en donner enfin vne preuue euidente
Ie laisse entre tes mains cette beauté charmante:
Pressé de m'eloigner & d'elle & de ces lieux,
Ie te veux confier ce depost precieux.

LVCRESSE.

Quoy vous est-il chez vous arriué quelque affaire?

LISIPE.

Non ie parts seulement pour seruir vostre mere.
Ie retourne chez elle, & vay prendre auec soing
Des papiers oubliez dont elle a grand besoing.
A Dieu fidelle amy! void souuent ma maistresse,
Parle luy quelquesfois du cœur que ie luy laisse,
Et vous chere beauté dans mon eloignement
Souffrez en ma faueur l'amy de vostre amant!

PHILIPIN.

Cela ne va pas mal; cette intrigue est bien faite:
Mais pour commencer l'autre, allons trouuer Rofette.

SCENE V.

LVCRESSE, CLEANDRE,

LVCRESSE.

HE bien que dites-vous de cet euenement?
Lifipe a pris le change affez groffierement.

CLEANDRE.

Vous l'auez fceu donner auecque tant d'adreffe
Que tout autre en fa place euft eu mefme foibleffe!
C'eft encor vn fuccez qui me doit informer
Que voftre belle bouche a l'art de tout charmer.

LVCRESSE.

Ie vay, graces au Ciel, ceffer d'eftre reduitte
A voir vn importun à toute heure à ma fuitte,
Et iufqu'à fon retour, fans me faire trembler,
Vous pourrez quelquefois me voir, & me parler:
Nous n'auons plus à craindre à prefent que ma mere
Qui n'eft pas deffiante autant qu'elle eft feuere.

CLEANDRE.

Ce bien n'eft pas fi grand encor que vous penfez.
Ces moments bien-heureux feront bien-toft paffez:
D'vn riual diligent la prefence importune
Reuiendra promptement trauerfer ma fortune,
Et dans trois iours au plus fon funefte retour
Deftruira mon bon-heur, & non pas mon amour.

LVCRESSE.

Philipin peut icy vous rendre vn bon office
En retardant Lifipe auec quelque artifice;

Il ne manquera pas au befoin d'inuenter
Quelque adreſſe nouuelle afin de l'arreſter.

CLEANDRE.

Retarder ſon retour, c'eſt prolonger ma ioye:
Mais il faudra touſiours qu'enfin il vous reuoye,
Il faudra toſt ou tard que mon eſpoir ſoit vain,
Il viendra vous forcer de luy donner la main,
Et de haſter enfin la fatale iournée
Du treſpas de Cleandre & de voſtre hymenée.

LVCRESSE.

Ne ſouffrons point vn mal qui n'eſt pas aduenu:
Le ſecret de mon cœur vous eſt aſſez connu,
Noſtre procez iugé, cet hymen ſe doit faire,
Mais ſi deuant ce temps ie ne fleſchis ma mere,
Ie ſçauray me ietter, malgré tout ſon effort,
Dans les bras de Cleandre, ou dans ceux de la Mort.

SCENE VI.

LIDAME, LVCRESSE, CLEANDRE.

LIDAME *ſortant de l'hoſtellerie.*

MA fille auec vn homme ! ha quelle eſt ſon
audace!

CLEANDRE *luy voulant baiſer les mains.*

Comment de ces bontez vous puis-ie rendre grace?
Mon cœur qui ſur vos mains s'eſforce de paſſer...

LIDAME *le ſurprenant.*

En vous baiſſant ſi bas gardez de vous bleſſer,

LVCRESSE .

C'eſt ma mere , ô malheur!

CLEANDRE.

Ma peine eſt infinie:

Si i'ay.....

LIDAME.

Retirez-vous & ſans ceremonie.

CLEANDRE.

Souffrez que ie vous parle.

LIDAME.

Il n'en eſt pas beſoing:

Vous eſtes trop ciuil, vous prenez trop de ſoing.

CLEANDRE.

Mais Madame ie ſuis.

LIDAME.

Mais vous ſerez peu ſage

Si vous oſez reuoir ma fille dauantage:

Ne venez plus icy faire tant l'empeſché,

Ou vous n'en ſerez pas quitte à ſi bon marché.

CLEANDRE.

Retirons nous ; mais quoy, Philipin ſe promeine:

Allons nous mettre au ieu pour diuertir ma peine.

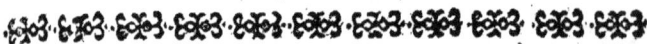

SCENE VII.

LIDAME, LVCRESSE.

LIDAME.

HO,ho, petite fotte ! on prend des libertez
Iufqu'à baifer vos mains,& vous le permettez?

LVCRESSE.

Iufqu'à baifer mès mains ? voftre foupçon m'ou-
trage.
Vous me faites grand tort.
LIDAME.
Vrayement c'eft grand dommage,
Vous faites l'hipocrite & dementez mes yeux.
Dites la verité vous ferez beaucoup mieux:
Quel eft ce beau galant? il faut qu'on vous confonde,
LVCRESSE.
C'eft le meilleur amy que Lifipe ayt au monde
Et qu'il a coniuré deuant que de partir
De me rendre des foins, & moy d'y confentir.
Vous le traitez fort mal & i'ay de iuftes craintes
Que Lifipe au retour vous en fera des plaintes.
LIDAME.
Mais Lifipe en partant auoit-il le deffein
Qu'il prift la liberté de vous baifer la main?
LVCRESSE.
Il n'en a iamais eu feulement la penfée.
LIDAME.
I'ay pourtant fur vos mains veu fa tefte baiffée,

LVCRESSE.

Ce n'eſtoit qu'à deſſein de voir de pres l'anneau
Que m'a donné Liſipe, & qu'il trouue fort beau.

LIDAME.

Si vous me dites vray, la faute n'eſt pas grande;
On croit facilement tout ce qu'on aprehende.

LVCRESSE.

Cet amy cependant a lieu d'eſtre irrité.

LIDAME.

Ma fille! vne autre fois il ſera mieux traicté.

SCENE VIII.

ROSETTE, LIDAME, LVCRESSE.

ROSETTE.

HA Madame aprenez vne bonne nouuelle!
On nous offre vn valet ſage, ieune, fidelle,
Qui caiole à rauir, qui ſçait lire par cœur
Et qui fut autresfois Clerc chez vn procureur.
C'eſt vn Diable en procez, de plus l'habit qu'il porte,
Eſt fait à mon aduis d'eſtoffe neufue & forte,
Et prez d'vn an entier vous le ferez driller,
Sans debourcer vn ſol, pour le faire habiller.

LIDAME.

Voila ce qu'il nous faut, qu'il vienne en diligence.

LVCRESSE.

Comment ! c'eſt Philipin?

ROSETTE.

Le voicy qui s'aduance,

Vous voyez ma Maiſtreſſe, allez la ſaluer;
Madame en ce complot daignez contribuer,

LVCRESSE.

Si cet homme eſt niais, il n'en a pas la mine,
Il pourra reüſſir à quoy qu'on le deſtine.

ROSETTE.

C'eſt noſtre fait Madame , vn ionc n'eſt pas plus
droit.

LIDAME.

Ie penſe comme vous qu'il n'eſt pas mal adroit,

PHILIPIN.

Ie n'ay pas merité d'auoir l'heur de vous plaire:
Vous ignorez encor tout ce que ie ſçay faire,
L'apparence ſouuent trompe l'œil le plus fin,
Par fois vn corps bien fait cache vn eſprit malin;
Mais ſi i'ay le bon-heur d'eſtre de voſtre ſuitte
De mon addreſſe vn iour vous ſerez mieux inſ-
ſtruite.

LIDAME.

Ce garçon n'eſt pas ſot , à ce que ie connoy,

LVCRESSE.

On ne peut mieux parler.

ROSETTE.

Il dit d'or, par ma foy!

LIDAME.

Ie veux que vous trouuiez chez moy vos aduan-
tages:
Il faut premierement conuenir de vos gages.

PHILIPIN.

Vous eſtes raiſonnable, & ie ne doute point
Que nous n'aurons iamais differend ſur ce point,
I'eſpere en vous ſeruant ainſi que ie le penſe,
Que mes ſoins receuront honneſte recompenſe.
Vous ſçaurez , s'il vous plaiſt chez vous de m'em-
ployer,
Que ie ſuis vn valet que l'on ne peut payer,

ROSETTE.

Mais il faut reſpondant.

PHILIPIN.

N'en ſoyez point en peine;
I'en pourray ſi l'on veut fournir vne douzaine
Iray-ie en querir vn?

LIDAME.

Cela n'eſt pas preſſé,

Entrons. . . .

PHILIPIN,

Ma foy ie réue, ou c'eſt bien commencé!

* * *

SCENE IX.

CLEANDRE, PHILIPIN, LIDAME.

CLEANDRE arreſtant Philipin.

TE voila, te voila fripon! ſot! volontaire!
Tu te promenes donc? quand tu m'es neceſſaire;
Que ne m'as-tu ſuiuy?

LIDAME.

Quel bruict ay-ie entendu?

CLEANDRE.

Ie n'aurois pas joüé l'argent que i'ay perdu;
I'ay perdu vingt Loüis.

PHILIPIN.

Ie n'en ſuis pas la cauſe.

CLEANDRE.

Si ie t'auois trouué, i'aurois fait autre choſe;

PHILIPIN.
pouuoit il mieux venir pour gaſter le complot?

CLEANDRE.
Traiſtre il faut t'aſſommer!

PHILIPIN.
Ne ſoyez pas ſi ſot.

CLEANDRE le frappant.
Tu fais le railleur.

PHILIPIN.
Peſte! il n'a pas la main morte.

LIDAME.
Pourquoy donc battez-vous mon valet de la ſorte?

CLEANDRE.
Il eſt à moy, Madame!

PHILIPIN.
Au Diable l'indiſcret!
Voicy de ſa ſotize encore vn nouueau trait.

CLEANDRE.
Vous prenez ce maraut ſans doute pour quelqu'autre.

LIDAME.
Non, non c'eſt mon valet, allez frapper le voſtre.

CLEANDRE.
Vous vous trompez vous meſme, il n'eſt que trop
certain
Que depuis plus d'vn an il mange de mon pain,
Si toutesfois, Madame, il vous eſt neceſſaire
Pour vous faire plaiſir ie veux bien m'en deffaire,
Encore que tantoſt vous m'ayez mal traiſté
Ie n'auray pas pour vous moins de ciuilité.

LIDAME.
Ie ſçay voſtre innocence & vous demande excuſe,
D'vn procedé ſi franc ie ſuis toute confuſe.
De ce valet, Monſieur! vous pouuez diſpoſer:
De qui me l'offre ainſi ie le dois refuſer.
Ie ne ſuis pas touſiours d'humeur deſobligeante
Ie vous rend grace à Dieu! ie ſuis voſtre ſeruante.

❦❧❦❧❦❧❦❧❦❧❦❧❦❧❦❧❦❧❦❧❦❧

SCENE X.

CLEANDRE, PHILIPIN

CLEANDRE.

Voicy qui va fort bien, n'ay-ie pas reüssi?
De Lidame pour moy l'esprit est addoucy,
Que t'en semble?....

PHILIPIN.

Ha l'espaule!

CLEANDRE.

Excuse ma colere.

PHILIPIN.

Laissez-là ce fripon, ce sot, ce volontaire.
Si vous m'estimez tel, vous estes bien trompé,
Vous m'auez chanté poüille & vous m'auez frappé:
Mais vous le payerez & ie vous le proteste.

CLEANDRE.

Tiens prens pour payement ce Louis qui me reste:
Tes yeux à cet obiet sont desia reioüis.

PHILIPIN.

Les coups que i'ay receu, valent plus d'vn Louis.

CLEANDRE.

Ie t'en promets vn autre en nostre hostellerie.
Ne suis-ie pas adroit ? parle sans flatterie.

PHILIPIN.

Non c'est fort sottement quand vous m'auez batu,
Vous auez par vos coups vostre espoir abbatu,
Ie m'allois introduire au logis de Lidame
Où i'eusse eu cent moyens de seruir vostre flame,
De

De menager pour vous son esprit rigoureux,
De supplanter Lisipe & de vous rendre heureux,

CLEANDRE.

Ha que i'ay de malheur!

PHILIPIN.

Bien moins que d'imprudence;
Excusez s'il vous plaist! ie dis ce que ie pense.

CLEANDRE.

Quelle disgrace! ha Ciel ie suis desesperé.

PHILIPIN.

Ce mal pour grand qu'il soit, peut estre reparé,
Et ie promets encor d'acheuer l'entreprise,
Dés que i'auray touché la pistole promise.

CLEANDRE.

Mais de quelle façon?

PHILIPIN.

Ne vous meslez de rien:
Donnez-moy la pistolle, apres tout ira bien.

CLEANDRE.

Vien donc la prendre, entrons.

PHILIPIN.

C'est ce que ie demande:
Les battus quelquesfois ne payent pas l'amende.

Fin du troisiesme Acte.

ACTE IV.

SCENE PREMIERE.

ROSETTE, PHILIPIN.
sortans de deux endroits differens.

ROSETTE.

IL faut aller chercher Philipin dés ce soir.
PHILIPIN.
I'ay besoin de Rosette, il la faut aller voir.

ROSETTE.

Bon, mon voyage est fait!

PHILIPIN.

Ma course est acheuée.

ROSETTE.
Sois le bien rencontré!

PHILIPIN.
Toy, sois la bien trouuée!

ROSETTE.

I'allois en ton logis...

PHILIPIN.

Et moy i'allois au tien.

ROSETTE.

Ie t'en diray beaucoup.

PHILIPIN.

Ie t'en conteray bien.

ROSETTE.

Tu sçauras....

PHILIPIN.

Ie l'apprends.

ROSETTE.

Que ie croy.

PHILIPIN.

Qu'il me semble.

ROSETTE.

Nous nous entendrons mal si nous parlons ensemble,
Escoute moy...

PHILIPIN.

Bien donc ; depesche de parler;
Les femmes de tout temps ayment à babiller.

ROSETTE.

Tu sçauras que ie croy qu'auec vn peu d'adresse
Tu peus te restablir pres de nostre maistresse,
I'ay menagé si bien son esprit peu rufé
Qu'elle a bien du regret de t'auoir refusé.
Dis que l'on t'a chassé : peste contre Cleandre;
Tu la feras bien-tost resoudre à te reprendre.
Par la petite porte elle vient de sortir,
Et i'ay du mesme temps voulu t'en aduertir.
C'est chez son procureur qu'elle est sans doute allée:
Tien ton compliment prest & ta langue affilée:
Lidame est fort credule.

PHILIPIN.

Ouy c'est bien raisonner;
Mais écoute l'aduis que ie te veux donner.

F ij

Ie t'apprend qu'il me semble auoir trouué la voye
De mettre nos amants au comble de la ioye.
Cette maison prochaine est vn logis garny
Qui de meubles fort beaux est assez bien muny:
Personne par bon-heur ne l'occupe à cette heure.
Le Maistre est vn parent de l'hoste où ie demeure,
Qui par certains biais nous a donné l'espoir
D'y conduire Lidame, & mesme dés ce soir.

ROSETTE.

Lidame! tu te ris; comment pourroit-il faire?

PHILIPIN.

Tu m'as dit que souuent elle regrette vn frere
Qui dans vne querelle ayant l'espée en main,
Fit à son ennemy perdre le goust du pain;
Des parens du deffunct redoutant la puissance
Enfila la venelle auecque diligence :
Et que depuis de luy n'ayant rien pû sçauoir,
Elle n'espere plus de iamais le reuoir.

ROSETTE.

Il est vray que souuent elle pleure ce frere ;
Mais cela, Philipin! ne nous importe guere.

PHILIPIN.

Point, point: m'as-tu pas dit, qu'il n'auoit que seize
   ans,
Lors qu'il sortit d'Auxerre & quitta ses parens?
Trente-ans qui sont passez depuis cette disgrace,
Sont pour changer vn homme vn assez long espace.
Lidame est vn peu sotte, & nostre hoste auiourd'huy,
Dira qu'il est son frere, & passera pour luy.
Couuert d'vn bel habit pris à la fripperie
Il pretend la tirer dans son hostellerie,
Et la mettre auec luy dedans ce logement
Dont mon Maistre pourra disposer librement.

ROSETTE.

C'est fort bien aduisé; mais ton hoste s'aduance:
N'a-t'il pas la façon d'vn homme d'importance?

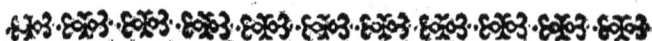

꧁꧂ ꧁꧂ ꧁꧂ ꧁꧂ ꧁꧂ ꧁꧂ ꧁꧂ ꧁꧂ ꧁꧂ ꧁꧂ ꧁꧂

SCENE II.

CARPALIN, ROSETTE, PHILIPIN. *vestu en Marchand.*

CARPALIN.

ME voila par ma foy, braue comme vn lapin,
PHILIPIN.
Tu sens ton gros Monsieur.
CARPALIN.
          Tu dis vray, Philipin!
O que i'ay bien maudit la graisse qui me charge!
Ie n'ay point veu d'habit qui me fust assez large.
ROSETTE.
On diroit à le voir si bien mis & si fier,
D'vn gros monopoleur ou de quelque vsurier.
CARPALIN.
Pleust à Dieu qu'il fust vray! ie ferois belle chere;
Mais il faut raisonner vn peu sur nostre affaire:
Dis moy ce que tu sçais de plus particulier
Sur le rolle important qu'on me veut confier.
Des mœurs du frere absent il me faut bien instruire;
Dis tout ce que de luy Lidame t'a peu dire.
ROSETTE.
Si ie te disois tout, i'en aurois pour huict iours:
Elle parle de luy presque en tous ses discours.
CARPALIN.
Tant mieux, dessus ce point ie n'en puis trop apren-
PHILIPIN.   (dre.
Eloignez vous, ie voy Lidame auec Cleandre.

F iij

SCENE III.

LIDAME, CLEANDRE, PHILIPIN.

LIDAME.

IE suis fort obligée aux soins que vous prenez,
Et feray mon profit de vos aduis donnez:
Lisipe à son retour aprendra de ma bouche
Quelle part vous prenez à tout ce qui le touche.
A Dieu! i'entre au logis, le iour s'en va finir;
Demain si vous voulez, vous y pourrez venir.

CLEANDRE.

Dans voître appartement souffrez que ie vous meine.

LIDAME.

Non Monsieur! il eft tard, n'en prenez pas la peine.

CLEANDRE.

Bon voicy mon valet! tout va bien, tout va bien.
Croy que i'ay de l'efprit.

PHILIPIN.

Ma foy, ie n'en croy rien.

CLEANDRE.

Ie vien de faire vn traiét qu'il faut que l'on admire.

PHILIPIN.

Quel traiét!

CLEANDRE.

Ecoute bien, ie m'en-vay te le dire.

Me promenant tout feul, i'ay trouué par bon-heur
Lidame qui fortoit de chez fon procureur;
Et luy donnant la main, i'ay pris la hardieffe
De luy parler de toy ; mais auec grande addreffe.

PHILIPIN.

I'en doute fort...

CLEANDRE.

    I'ay dit qu'enfin ie t'ay chaffé.
Que tu m'as bien feruy.

PHILIPIN.

   C'eft fort bien commencé.

CLEANDRE.

Que l'on void peu d'adreffe à la tienne pareille:
Que tu fers à rauir,fçais caufer à merueille:
Enfin i'ay dit de toy du bien infiniment.

PHILIPIN.

Bon cela ; c'eft parler auec grand iugement.

CLEANDRE.

Mais....

PHILIPIN.

  De ce chien de mais i'aprehende la fuirte.

CLEANDRE.

Point; tu vas t'eftonner de ma rare conduite.
Pour n'eftre pas fufpeét,& leuer tout foupçon
Que ie fçeuffe l'intrigue en aucune façon,
I'ay fait de tes deffauts vne peinture eftrange,
Et ioint adroitement le blâme à la loüange:
I'ay dit que ie t'auois touſiours connu menteur,
Subtil,fournois,malin,bigot,fourbe,impofteur;
Que tu t'eftois rendu pareffeux volontaire,
Et que pour de l'argent on te faifoit tout faire.

PHILIPIN.

Vous auez dit cela?

CLEANDRE.

   Ce n'eft pas encor tout
Tu me vas admirer,ecoute iufqu'au bout.

      F iiij

J'ay dit qu'elle euſt grand ſoin,entrant dans ſa fa-
    mille,
Qu'on ne te laiſſaſt pas ſouuent auec ſa fille.
Que poſſible gagné par quelque homme amoureux,
Tu luy pourrois donner des conſeils dangereux;
Qu'elle fuſt deffiante,ou que bien-toſt peut-eſtre
Elle ſeroit trompée,& ne croiroit pas l'eſtre.

PHILIPIN.

C'eſt donc là ce beau trait de voſtre grand eſprit?

CLEANDRE.

La bonne femme en tient,& croit ce que j'ay dit.
Elle me prend des-ja pour la franchiſe meſme,
Croit que mon amitié pour Liſipe eſt extreſme,
Et de mes bons aduis m'ayant remercié,
De l'aller voir ſouuent elle m'a fort prié.

PHILIPIN.

C'eſt fort bien trauailler.

CLEANDRE.

            Ton adueu me conſole,
Tu dis que j'ay bien fait?

PHILIPIN.

            Ouy pardeſſus l'eſpaule:
Vous eſtes vn grand fat, vous venez de preſter
Des verges à Lidame afin de vous foüetter.
Sçachez que voſtre langue eſt vne impertinente:
Elle trouble l'effet d'vne intrigue importante;
Voſtre caquet maudit eſt bien pern icieux,
Si vous eſtiez muët,vous en vaudriez mieux.

CLEANDRE.

Conte-moy cet intrigue.

PHILIPIN.

            Ha vrayement ie n'ay garde!
Ie crains trop voſtre humeur niaiſe & babillarde;
Vous en feriez encor quelque admirable traict.
Vn ſecret diuulgué ceſſe d'eſtre ſecret.

CLEANDRE.
Quoy ie n'en fçauray rien?
PHILIPIN.
Non, entrés, ie vous prie!
Allez voir fi ie suis dans noftre hoftellerie.

SCENE IV.

CARPALIN, ROSETTE,
PHILIPIN, LIDAME.

CARPALIN.

ROfette il me fuffit de cette inftruction;
Ie fçauray m'en feruir en bonne occafion;
Mais qu'a donc Philipin?
PHILIPIN.
Dieu nous puiffe eftre en ayde,
Mon eftourdy de Maiftre eft vn fat fans remede,
Il a trouué Lidame, & faifant l'efprit fort,
De fon fot entretien il m'a fait le raport.
LIDAME *à la porte de fon hoftellerie.*
Rofette !
ROSETTE.
Eloignez-vous ; ma maiftreffe m'appelle!
Toy, vien fans raifonner te montrer deuant elle:
LIDAME.
Où va-t'elle fi tard ? Rofette.
ROSETTE.
La voicy.
LIDAME.
Pourquoy tardez-vous tant à reuenir icy?

ROSETTE.

Ce malheureux garçon rencontré dans la rüe
Me contoit icy pres sa disgrace aduenuë,
Et chassé par son Maistre, il vient s'offrir à vous.

LIDAME.

Quoy son Maistre le chasse?

PHILIPIN.

Il m'a roüé de coups.
Et m'ayant fait souffrir mille iniustes outrages,
M'a donné mon congé, sans me payer mes gages:
C'est vn bourreau, Madame! & sa cruelle main
M'a plus donné de coups que de morceaux de pain:
Et c'est pourquoy tantost auec grande iustice
Pour me donner à vous, ie quittois son seruice.

ROSETTE.

Madame vous prendra, n'aprehendez plus rien.

LIDAME.

Non: i'ay changé d'aduis, ie m'en garderay bien.

PHILIPIN.

Ie n'attendois pas mieux qu'vne telle disgrace:
Mon maistre en me chassant m'en a fait la menace,
M'a iuré qu'il viendroit vous voir, & vous conter
Tous les maux contre moy qu'il pourroit inuenter:
Que si vous me voullez prendre en vostre famille,
Il vous aduertiroit d'obseruer vostre fille.
De crainte que gagné par quelque homme amoureux
Ie n'inspire en son cœur des conseils dangereux
D'estre fort deffiante, ou que bien tost peut-estre
Vous seriez abusée, & ne croiriez pas l'estre.

LIDAME,

Ce sont ses propres mots.

PHILIPIN.

Le dangereux Esprit!
Voyez le meschant homme; il me l'auoit bien dit.

ROSETTE.

Madame a l'esprit bon, & sçaura bien cognoistre
Que l'animosité fait parler vostre Maistre,

LIDAME.

En effet, en effet, voſtre ingenuité
Fait voir que ſes aduis ont peu de verité.
Ie ne le croiray point, & malgré ſa malice
Ie veux dés ce moment vous prendre à mon ſeruice:
Par cet euenement Cleandre va ſçauoir
Que Lidame n'eſt pas aiſée à deceuoir.

CARPALIN s'aprochant.

Lidame! ha qu'ay-ie ouy, grand Dieu que ie reclame?
Que ce mot agreable a conſolé mon ame!
Excuſez, s'il vous plaiſt, ſi i'oſe m'approcher:
Ie viens icy d'entendre vn nom qui m'eſt bien cher
L'on a nommé Lidame; eſt-elle pas d'Auxerre?

LIDAME.

Vous ne vous trompez pas, c'eſt ſa natale Terre.

CARPALIN.
Se porte-t'elle bien? ...
LIDAME.
Ouy, Monſieur, Dieu mercy!
CARPALIN.
Eſt-elle en ſon pays?
LIDAME.
Non, non, elle eſt icy.
CARPALIN
Icy, que dites-vous? ha Ciel que i'ay de ioye!
Ha Madame pour Dieu faites que ie la voye!
LIDAME.
Vous la voyez, c'eſt moy.
CARPALIN.
Parlez-vous tout de bon?
Quoy vous ſeriez Lidame?
LIDAME.
Ouy, Monſieur! c'eſt mon nom.

CARPALIN.

Ha Lidame! ha ma sœur! ma sœur qui m'es si chere,
Reconnoy Celidan.

LIDAME.

Quoy Celidan mon frere!
Apres trente ans d'absence, enfin ie le reüoy?

CARPALIN.

Ouy, ouy; vien m'embrasser, n'en doute point, c'est
moy.
Tu m'as tousiours aymé dés ma tendre ieunesse.

LIDAME.

Chacun vous croyoit mort, & ie pleurois sans cesse,

CARPALIN.

I'ay de ton amitié gardé le souuenir;
Et c'est ce qui m'a fait en ces lieux reuenir.
Lors qu'il falut sortir du logis de mon Pere
Ayant dans vn duël tué mon aduersaire,
Apres auoir esté receuoir tes adieux,
Les sanglots à la bouche, & les larmes aux yeux,
Et prendre dix Louis que pour cette disgrace
Tu retiras pour moy du fond de ta paillasse,
Ie marchay vers Dieppe où ie fus m'embarquer
Pour voir le Nouueau-monde, & pour y traficquer,
Là par de longs trauaux apres bien des miseres,
Ie n'ay pas, Grace à Dieu! fait trop mal mes affaires:
Et pressé du desir de voir encor les miens,
I'ay fait iusqu'en ces lieux transporter tous mes
biens.

LIDAME.

Vrayement cette aduenture est tout à fait estrange!

CARPALIN.

I'attends le payement d'vne lettre de change,
Me proposant d'aller apres auec douceur
Passer mes derniers iours prés de ma chere sœur:
Que ie beny le Ciel qui dans ce lieu t'enuoye!
I'en suis transporté d'aise, & i'en pleure de ioye:

Ie

Ie veux mettre mes biens en ta poſſeſſion?
LIDAME.
Ie ne doutay iamais de voſtre affection.
CARPALIN.
Ie pretends chaque iour t'en donner quelque preu-
ue,
N'as-tu pas vn mary?
LIDAME.
         Helas non, ie ſuis vefue!
CARPALIN.
Tant-pis ; mais ce mary qui t'a duré ſi peu,
Ne m'a t'il pas laiſſé quelque petit neueu?
LIDAME.
Non ie n'ay qu'vne fille aſſez ieune & fort belle.
CARPALIN.
Il luy faudra choiſir vn party digne d'elle,
Tout ce que i'ay de bien luy ſera deſtiné.
PHILIPIN.
Si quelqu'vn l'entend mieux, ie veux eſtre berné.
LIDAME.
Souhaittez-vous la voir?
CARPALIN.
      Ouy ma ſœur, ie t'en prie.
LIDAME.
Elle loge auec moy dans cette hoſtellerie.
CARPALIN.
Qu'on la faſſe venir, ce n'eſt pas la raiſon
Que vous logiez tous deux ailleurs qu'en ma mai-
ſon.
Ie vous y veux conduire, elle eſt fort bien garnie,
Et ie ne pretends plus quitter ta compagnie:
Iamais rien que la mort ne nous ſeparera.
LIDAME.
Mon frere! nous ferons tout ce qu'il vous plaira.
ROSETTE.
Cela ne va pas mal; Carpalin n'eſt pas beſte,

❧❧❧ ❧❧❧ ❧❧❧ ❧❧❧ ❧❧❧ ❧❧❧ ❧❧❧❧❧❧ ❧❧❧ ❧❧❧ ❧❧❧

SCENE V.

COVRCAILLET, LIDAME, CARPALIN, ROSETTE, PHILIPIN.

COVRCAILLET.

MAdame pour souper que faut-il que i'appreste?
Vous n'auez qu'à parler, ie feray mon deuoir.

LIDAME.

Ie m'en vays chez mon frere;il ne faut rien ce soir.

COVRCALLIET.

Ho,ho que vois-ie icy?c'est vne estrange chose:
Carpalin grand Seigneur, quelle metamorphose!

ROSETTE.

Vous vous trompez;Monsieur ne vous est pas connu,
Il est tout fraichement des Indes reuenu.

COVRCAILLET.

Point ; c'est vn tauernier, & i'ay fort bonne veuë.

ROSETTE

Vous reuez, vous reuez, vous auez la berluë.

CARPALIN.

Quel est cet insolent?

PHILIPIN.

C'est fort bien respondu.

COVRCAILLET.

Auec ton bel habit tu fais bien l'entendu.

ROSETTE.

parlez auec respect au frere de Lidame.

COVRCAILLET.

Ha si c'est vostre frere, excusez moy, Madame!
pour vn de mes voisins ie l'auois pris d'abord,
Et ie gagerois bien qu'il luy ressemble fort:
Mais deux hommes par fois ont de la ressemblance.

LIDAME.

Mon frere, de mon hoste excusez l'ignorance!

COVRCAILLET.

Ha Monseigneur pardon! i'auois les yeux troublez,
Ie rentre en mon deuoir.

CARPALIN.

Ie vous pardonne, allez:
Entrons en mon logis, ma sœur, l'heure nous presse!

LIDAME.

Rosette, Philipin, faites venir Lucresse.

CARPALIN.

Ie loge au Lion d'or.

PHILIPIN.

Bien Monsieur, s'il vous plaist
Allez tousiours deuant, ie sçay fort bien où c'est.

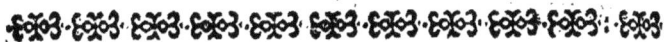

SCENE VI.

LVCRESSE, PHILIPIN,
ROSETTE.

LVCRESSE.

QVe peut faire si tard ma mere dans la ruë?
PHILIPIN.
Voicy Lucresse: bon soyez la bien venuë.
Ie vais querir mon Maistre:il brûle de vous voir,
Il pourra maintenant vous donner le bon soir.
ROSETTE.
Haste-toy, nous allons t'attendre sur la porte.
LVCRESSE.
Mais il est des-ja nuict.
ROSETTE.
        Hé bien que vous importe?
La nuict est vn temps propre aux complots des
   amants,
Auecque moins de honte on dit ces sentimens.
LVCRESSE.
Mais où me conduits-tu ? i'ay peine à le com-
   prendre.
ROSETTE.
Ie vous meine au logis de l'hoste de Cleandre;
Il passe pour vostre Oncle,& dessous ce faux nom,
Vostre Mere auecque luy loge en cette maison.
Ha Madame ! elle vient & ie l'entend descendre.

SCENE VII.

LIDAME, ROSETTE,
LVCRESSE.

LIDAME.

POurquoy n'entrez-vous pas ? que pouuez vous
attendre?
LVCRESSE,
Moy ! ie n'attend perſonne.
LIDAME.
Ha vous feignez en vain!
Qui vous peut obliger à ſouffrir le ſerain?
Ma fille, à dire vray, voſtre humeur m'inquiete:
Ie reconois trop bien que vous eſtes coquette.
Vos geſtes, vos diſcours, & toutes vos façons
Ont dans ce meſme iour confirmé mes ſoupçons?
Ie vous ay veuë aller, vingt fois à la feneſtre
Voir ſi quelques galands ne viendront point pa-
roiſtre.
S'ils feront bien veſtus, s'ils feront bien poudrez,
S'ils auront leurs rabats bien faits & bien tirez;
Si ce feront des gens à petites mouſtaches
Qui portent des canons par deſſus des rondaches:
C'eſt là tout le plaiſir qu'en ce lieu vous prenez.

LVCRESSE.
Quel plaiſir y prendrois-je?
LIDAME.
A monſtrer voſtre nez,
G iij

A faire la bien mife, à donner dans la veuë
De quelque ieune fot qui paſſe par la ruë.
Qui faſſe les doux yeux, qui vous vienne accoſter,
Et quand ie n'y ſuis pas, vous en vienne conter:
Allez, montez là-haut, voſtre Oncle vous demande,

LVCRESSE.

Quoy ſans vous? ...

LIDAME.

Ouy, n'importe, entrez ie le commande.

LVCRESSE.

Si, ...

LIDAME.

Ne repliquez point, allez l'entretenir:
Ie veux voir ſi quelqu'vn icy deuoit venir.

LVCRESSE.

Mais, ...

LIDAME.

Mais entrez vous dis-je.

LVCRESSE.

Elle verra Cleandre?

SCENE VIII.

LIDAME, CLEANDRE, PHILIPIN.

PHILIPIN.

C'Eſt deſſus cette porte où l'on vous doit attendre.

CLEANDRE.
D'où vient ce changement? tu ne m'en as rien dit.

PHILIPIN.
Allez: c'est vn succez qui passe vostre esprit.

CLEANDRE.
Tiens-toy donc à l'écart.

PHILIPIN.
C'est ce que ie desire:
Aupres de deux Amants vn tiers ne fait que nuire?

CLEANDRE.
Beau sujet de ma peine, auec quels compliments
Puis-je exprimer mes feux & mes rauissements?
Mon aimable Lucresse!

LIDAME *à part.*
Il se trompe sans doute,
Il en va bien conter, il faut que ie l'escoute.

CLEANDRE.
Qu'on m'a donné de ioye en me faisant sçauoir
Que ie pourrois icy vous donner le bon soir!
Quand ie viens pres de vous, l'amour fait que ie vole,

LIDAME.
Ie m'en suis bien doutée, elle attendoit ce drolle.

CLEANDRE.
Ha que Lucresse est iuste & Cleandre amoureux!
Cette derniere grace a comblé tous mes vœux.
C'est peu pour mon amour & trop pour mon merite.

LIDAME.
Comment donc c'est Cleandre? ha voyez l'hype-
crite?

CLEANDRE.
Quoy m'enuoyer chercher iusque dans ma maison?
Ces marques de bonté sont sans comparaison;
Mon bon-heur est visible.

LIDAME.
Et ma honte euidente
Ma fille l'a mandé: Dieux qu'elle est impudente!

G iiij

CLEANDRE.

Mes soins sont trop payez, & mon esprit charmé
Ne sçauroit plus douter que ie ne sois aymé.
Ie connois clairement que cette viue flame
Qui brille en vos beaux yeux, passe iusqu'à vostre
    ame
D'vn espoir si charmant i'ay lieu de me flatter.

LIDAME.

Ma fille est debauchée, il n'en faut point douter.

CLEANDRE.

Qui vous peut si long-temps obliger à vous taire?
Vous ne me dites rien, craignez-vous vostre Mere?
Ie la tiens assez simple, & suis assez adroit
Pour l'appaiser quand mesme elle nous surpren-
    droit:
Admirez ma conduitte, & son peu de prudence:
Ie suis dans son estime & dans sa confidence.
Elle est si disposée à se fier à moy,
Qu'elle croit mes discours comme article de foy:
Pour tout dire en vn mot elle est Prouinciale:
C'est à dire grossiere, estourdie, inegale,
Qui se laisse duper, sans s'en aperceuoir;
Qui prend le vray pour faux, & le blanc pour le
    noir:
Et qui croit rafiner quand elle prend le change.

LIDAME.

Fort bien, fort bien, voila des vers à ma loüange.

CLEANDRE.

Nous n'auons rien à craindre à present de sa part,
Si tantost elle a sçeu m'empescher par hazard
D'exprimer mes transports sur cette main d'iuoire,
Ie puis en depit d'elle obtenir cette gloire:
Ouy le soin qu'elle prend, ne peut estre que vain;
I'auray l'heur de baiser vne si belle main.

LIDAME *luy donnant vn soufflet.*

Ouy vous la baiserez.

CLEANDRE.

Ha i'ay les dents caſſées!

LIDAME.

Vos douceurs doiuent eſtre ainſi recompenſées.

CLEANDRE.

C'eſt la mere, ha Madame!

LIDAME.

Ha Monſieur l'inſolent!
Tu viens donc faire icy le tranſy, le galant!
Ma fille a donc pour toy des paſſions ſecrettes!
Tu viens la debaucher & luy conter fleurettes;
Tu ſçauras à quel point l'honneur m'eſt precieux;
Ie m'en vais t'arracher la prunelle des yeux.

CLEANDRE.

Fuyons......

LIDAME.

Tu fuis trompeur! ma colere t'eſtonne
Va, tu n'y perdras rien, ie te la garde bonne.

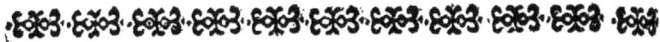

❦❦❦❦❦❦❦❦❦❦❦

SCENE IX.

PHILIPIN, CLEANDRE,

CLEANDRE.

Philipin ! Philipin!
PHILIPIN.
He bien qu'auez vous fait?
Reuenez-vous ioyeux ? estes-vous satisfait?
Estes-vous asseuré de l'amour de la belle?
En auez vous receu quelque preuue nouuelle,
Cependant qu'icy pres ie gardois le mulet?

CLEANDRE.
Non ie n'ay rien receu qu'vn fort vilain soufflet,
PHILIPIN.
Dieu me veille garder de semblable caresse.
CLEANDRE.
J'ay rencontré Lidame au lieu de ma Maistresse,
PHILIPIN.
Et vous n'auez eu garde aussi-tost de manquer
De conter vostre chance & de vous expliquer?
CLEANDRE.
Ouy i'ay marqué les feux dont mon ame est éprise:
Et i'ay tout decouuert.
PHILIPIN.
Bon, bon, autre sotise!
CLEANDRE.
Quiconque a de l'amour, a de l'aueuglement.
PHILIPIN.
Vous estiez indiscret auant que d'estre amant.

Ce deffaut est en vous vn mal hereditaire.
Il vient asseurément de Monsieur vostre Pere:
suiuez-moy toutesfois.
CLEANDRE.
Où me veux-tû mener?
PHILIPIN.
Suiuez-moy sans rien craindre, & sans questionner.

Fin du quatriesme Acte.

ACTE V.

SCENE PREMIERE.

CLEANDRE, PHILIPIN,
dans vne chambre.

CLEANDRE.

OV suis-je?apprend le moy.
PHILIPIN.
Dans vne chambre obscure;
Sortons, & fermons la porte auecque la serrure,
CLEANDRE *seul.*
Par cette instruction ie suis mal informé:
Mais comment il me quitte,& ie suis enfermé?
Ie ne puis plus sortir,il a fermé la porte:
Dieu que pretend ce traistre en vsant de la sorte?
Que veut dire cecy? ie suis seul retenu
Dans vn lieu sans lumiere & qui m'est inconnu.
Pour quel dessein icy m'a-t'il voulu conduire?
Est-ce pour me seruir?seroit-ce pour me nuire?
A quel euenement me dois-je preparer?
Enfin que dois-je craindre,ou que dois-je esperer?
Ce succez qui m'estonne, est tout à fait bizarre:
C'est vn nouueau dedale où ma raison s'égare:

Et

Et les obscuritez qui regnent dans ces lieux,
Enuelopent mon ame aussi-bien que mes yeux.
Ie ne sçay qu'en iuger, quoy que ie me propose :
I'oy du bruit, quelqu'vn vient, i'en sçauray quel-
que chose.

SCENE II.

PHILIPIN, CLEANDRE,

PHILIPIN.

HA Monsieur tost, tost, tost, cachez vous promptement!

CLEANDRE.

Moy!

PHILIPIN.

Ne raisonnez point, suiuez-moy seulement.

CLEANDRE.

Et pourquoy me cacher? ha vrayement ie n'ay garde,

PHILIPIN.

Mais Monsieur vostre vie en ce lieu se hazarde.

CLEANDRE.

N'importe; ne croy pas qu'on l'aye à bon marché,
On me croiroit coupable, en me trouuant caché.

PHILIPIN.

La lumiere paroist & l'on va vous surprendre
Songez, à vous cacher.

CLEANDRE *tirant l'epée.*

Ie songe à me deffendre,

H

SCENE III.

ROSETTE, LVCRESSE, CLEANDRE, PHILIPIN.

ROSETTE.

HA Madame, fuyons, i'apperçois vn voleur!

LVCRESSE.

C'eſt Cleandre....

CLEANDRE.

Ha Lucreſſe !

LVCRESSE.

Ha quel eſt mon malheur!
Ie ſuis montée icy par l'ordre de ma mere:
Elle me veut parler, elle eſt fort en colere.

CLEANDRE.

Mais comment en ce lieu?

PHILIPIN.

Ne haranguez pas tant!
Sa Mere va venir, cachez vous à l'inſtant.

LVCRESSE.

De grace depeſchez : ie croy deſ-ja l'entendre
Allez....

CLEANDRE entrant dans vn cabinet.

Ie veux mourir ſi i'y puis rien comprendre.

SCENE IV.

LIDAME, LVCRESSE, ROSETTE, CLEANDRE, PHILIPIN.

LVCRESSE.

Qvi l'oblige à fermer cette porte sur nous ?
Ie tremble à son abord, Madame! qu'auez vous?

LIDAME.

L'osez vous demander ingratte, & lasche fille!
Dont l'Amour deshonnore vne illustre famille?

LVCRESSE.

Moy Madame! & comment? daignez vous expliquer.

LIDAME.

Ha voyez l'effrontée, elle oze repliquer:
Vous demandez comment Madame l'impudente!
Vous pensez m'abuser, vous faites l'ignorante;
La feinte est inutile, à present ie sçay tout,

LVCRESSE.

He quoy?..?

LIDAME.

Voftre complot de l'vn à l'autre bout;
Vos rendez-vous secrets, voftre amour pour Cleandre,
Et tout ce que pour vous ce traiftre ose entreprendre;

ie l'ay pris ſur le fait ce laſche, ce trompeur.

PHILIPIN. dans le Cabinet.

Nous ſommes decouuerts, Monſieur, ie meurs de
   peur!

LIDAME.

Reſpondez, il eſt temps.

LVCRESSE.

Ie ne ſçay que reſpondre.

Ce que vous auez dit, ſuffit pour me confondre:
Ouy, ſçachez que Cleandre eſt venu pour me voir.

LIDAME.

Ie ſçay deſſus ce point tout ce qu'on peut ſçauoir.
Ie ne laiſſeray pas ſon audace impunie:
Attaquer mon honneur, c'eſt expoſer ma vie.

PHILIPIN.

Il faut nous conſoler, i'ay fort mal reuſſi;
Mais ſi ie ſuis battu, vous le ſerez auſſi.

LIDAME.

Vn poignard que ie porte en ma trop iuſte rage
Monſtrera de quel air ie repouſſe vn outrage;
Et luy fera connoiſtre en luy perçant le cœur,
Qu'on doit tout redouter d'vne femme en fureur;
Il mourra de ma main.

PHILIPIN.

Qu'elle eſt ſanguinolente!

Fy; cela ne vaut rien, mon tremblement augmente.

LVCRESSE.

Ha Madame! calmez ce deſſein furieux;
Il eſt vray que Cleandre eſt caché dans ces lieux.
Et que de vous depend ſon ſalut ou ſa perte.

LIDAME.

O Ciel quelle diſgrace ay-ie encor decouuerte!

LVCRESSE.

Ie n'oſe denier ce que vous ſçauez bien.

LIDAME.

Ie le ſçay maintenant; mais ie n'en ſçauois rien;

Il n'eschappera pas ce perfide, ce traistre!

PHILIPIN.

L'honneur vous appartient : passez deuant, mon
    Maistre!

LIDAME.

Où s'est-il peu cacher? cherchons auecque soin.

LVCRESSE.

Ie puis vous l'enseigner & sans aller plus loin.

LIDAME.

Parlez donc promptement.

LVCRESSE.

       Puis qu'il faut vous l'apprendre,
C'est au fond de mon cœur que s'est caché Clean-
    dre.
Ouy c'est là qu'il triomphe & qu'il est enfermé
Cet amant qui me charme autant qu'il est charmé:
Frappez-le donc icy, s'il vous en prend enuie.
L'Amour a confondu son sort auec ma vie,
Et cet obiet si cher qui vous deplaist si fort,
Ne sçauroit à present mourir que par ma mort.

LIDAME.

Helas qu'ay-ie entendu? comment donc mal-heu-
    reuse!
Vous auez vn galant? vous estes amoureuse?
Cleandre en vostre cœur triomphe, dites vous?
Parlez-vous bien ainsi sans craindre mon couroux?
Ie me doutois icy de quelque autre mistere.

LVCRESSE.

Si ie suis criminelle au moins ie suis sincere.
Ouy, Cleandre preside en mon cœur auiourd'huy,
Et ie veux bien mourir, si ie ne vis pour luy.

LIDAME.

Ce que vous m'apprenez, n'a rien qui me console;
Vostre raison s'egare & vous parlez en fole.
Ce mal vous est venu d'auoir leu les Romans,
Vous aprenez par cœur tous les beaux sentimens,
Les doux propos d'amour, des rencontres gentiles,
Enfin tout le bel Art qui fait perdre les filles.

            H iij

Changez, changez de vie, ou ie vous promets bien
Que vous n'aurez iamais vn escu de mon bien.
Ne voyez plus Cleandre, ou l'affaire est vuidée.

LVCRESSE.

Mais sa famille est noble & fort accomodée:
Il pretend m'épouser.

LIDAME.

Croyez qu'auparauant
Ie vous ferois plutost épouser vn conuent:
Ie sçauray vous ranger, petite impertinente:
Mais comme cette affaire est assez importante,
Ie m'en vais consulter mon frere promptement,
Et n'entreprendray rien sans son consentement.

PHILIPIN,

Elle s'en va fort: tout va le mieux du monde.

CLEANDRE esternue.

Ha! Ha!...

PHILIPIN.

Qu'auez vous donc, Monsieur Dieu vous confonde!

LIDAME.

Quel bruit vien-ie d'entendre?

CLEANDRE.

O mal-heur qu'ay-ie fait!

LIDAME.

Qui vient d'esternuer dedans ce cabinet?

LVCRESSE.

Ie n'ay rien entendu; qui seroit-ce? personne.

LIDAME.

La deffaite est mauuaise & i'ay l'oreille bonne;
Auec de la clarté moy-mesme i'iray voir.

LVCRESSE.

Cleandre est decouuert! ie suis au desespoir:
Ha Madame! arrestez, donnez cette chandelle:
Rosette la tiendra.

LIDAME.

Ie n'ay pas besoin d'elle.

PHILIPIN sortant du Cabinet.

Il faut que ie la dupe encor malgré ſes dents.

LIDAME.

Ho, Ho, c'eſt Philipin, qu'as tu fait là dedans?

PHILIPIN.

Cette grande clarté me bleſſe la paupiere,
I'ay les yeux éblouïs, oſtez cette lumiere.

LIDAME.

Que peux tu dans ce lieu faire à l'heure qu'il eſt?

PHILIPIN.

Madame c'eſt donc vous? excuſez s'il vous plaiſt,
Ie ne ſçay ce que c'eſt que d'vſer d'artifice,
Dormir comme vn ſabot eſtoit mon exercice.
Pendant voſtre ſouper me trouuant vn peu las
Ie me ſuis aſſoupy ſur vne chaire à bras;
Où ſans perdre de temps, comme c'eſt ma couſtume,
I'ay ronflé tout ainſi que ſur vn lit de plume
Et i'auois vn quart d'heure à peine ſommeillé,
Lors qu'en eſternuant ie me ſuis reueillé.
Si l'on en croit Albert iadis grand perſonnage,
S'éueiller de la ſorte eſt vn mauuais preſage,
Et pour ne pas celer auſſi la verité,
Ce ſot eternuëment m'a fort inquieté.

LIDAME.

Oſerez-vous encor dementir voſtre Mere?
On n'eſternuoit point, c'eſtoit vne chimere.
Ie n'ay pas grace à Dieu, faute de iugement,
Et ne me laiſſe point duper facilement.
Toutes vos actions doiuent fort me deplaire;
Et ie vais tout à l'heure en aduertir mon frere.

CLEANDRE *tombe & fait tomber des*
eſcabelles.

Elle s'en va, ſortons! ha Ciel quel contre-temps!
Que ie ſuis mal-heureux!

LIDAME.

Qu'eſt-ce encor que i'entends?

ROSETTE.

Ton Maistre Philipin manque bien de ceruelle.

PHILIPIN.

S'en faut-il estonner? est-ce chose nouuelle?

LIDAME.

Qui dans ce cabinet peut faire vn si grand bruict?

PHILIPIN.

Quelqu'vn quand ie dormois s'y peut estre introduict,
Ie veux m'en éclaircir auecque diligence,
Et sur le champ moy mesme en prendre la vengeance,
On en veut à vos biens.

LIDAME.

Dis, dis à mon honneur.
C'est Cleandre, ouy c'est luy, ce lasche suborneur
Qui veut deshonnorer vne famille honneste.

PHILIPIN.

Madame! si c'est luy, par la mort, par la teste
Il se repentira de ce qu'il entreprend,
Si i'ay le corps petit, i'ay le courage grand.
Donnez môy ce poignard auec cette lumiere,
Et de peur d'accident, auancez la derniere.
Il payera l'amende & plus cher qu'au marché,
Et si ie ne le trouue, il sera bien caché.

LIDAME.

Va, ta fidelité sera recompensée.

PHILIPIN, *tombant & souflant la chandelle.*

A l'aide!

LIDAME.

Qu'as-tu donc?

PHILIPIN.

I'ay la teste cassée.
Dés que i'y suis entré i'ay veu non sans effroy
Vn horrible geant paroistre deuant moy,
Qui d'vn bras redoutable à l'égal du tonnerre,
M'a fait du premier coup donner du nez en terre.

A fouflé ma chandelle, & m'auroit accablé
Si par vn fecond coup il auoit redoublé.
Ce doit eftre vn efprit, & fi vous eftes fage
Vous ne refterez pas en ce lieu dauantage.

LVCRESSE.

Ie crains fort les efprits Madame! éloignons-nous.

LIDAME.

Celuy-cy ne doit pas eftre à craindre pour vous:
Dans voftre empreffement ie cognois voftre rufe;
Ce doit eftre Cleandre & Philipin s'abufe.

PHILIPIN.

Ie ne dis pas que non; ie puis bien me tromper;
Mais fi ç'eft luy Madame! il ne peut échaper.

LIDAME.

Ne me quitte donc point.

PHILIPIN.

Ie feray fort fidele.

LIDAME.

Rofette! allez là bas querir de la chandelle.

LVCRESSE.

Pendant l'obfcurité Cleandre peut fortir;
N'y va pas.

ROSETTE.

C'eft bien dit, ie vais l'en aduertir.
Sauuez-vous, il eft temps.

CLEANDRE.

C'eft ce que ie veux faire;

LIDAME *attrapant Cleandre.*

Il eft pris, le galant!

CLEANDRE.

Que le fort m'eft contraire!

PHILIPIN.

Vous tenez Philipin, ne vous abufez pas,
Pefte que rudement vous me ferrez le bras!

LIDAME.

Quoy c'eft toy Philipin! ce fuccez m'embarraffe;
Ie croyois auoir pris noftre fourbe en ta place.

PHILIPIN.

Pleuſt à Dieu qu'il fuſt vray que le Ciel par bonheur
Euſt en vos mains liuré ce laſche ſuborneur!

LIDAME *prenant la main de Cleandre vne ſeconde fois,*
Ha c'eſt donc à ce coup, ie le tiens que ie penſe.

CLEANDRE.

Vous tenez Philipin.

PHILIPIN.

Dieu, quelle impertinence!

LIDAME.

L'artifice eſt groſſier, ie connoy bien ſa voix.

PHILIPIN.

Ouy vous tenez Cleandre, il eſt pris cette fois,

LIDAME.

Au voleur, au voleur, viſte de la chandelle,

LVCRESSE.

Tout eſt perdu Roſette! ha fortune cruelle!

LIDAME.

Il me veut echapper.

PHILIPIN.

Non, non, ne craignez rien,
Ie le tiens par le bras, & l'arreſteray bien.

LIDAME.

De peur que de nos mains par force il ne s'arrache,
Il faut le retenir par ſa longue mouſtache.

PHILIPIN.

C'eſt fort bien aduiſé, vous eſtes trop heureux,
Sortez & laiſſez nous voſtre tour de cheueux.

CLEANDRE *laiſſant ſon tour de cheueux*
entre les mains de Lidame & de Philipin.

Me voila deliuré d'vne eſtrange maniere.

LIDAME.

Hola, mon frere, amis, quelqu'vn de la lumiere!
Enfin te voila pris infame & laſche amant!
Ne croy pas m'accabler de honte impunément;
Il n'eſt point de pouuoir qui te puiſſe ſouſtraire
Au cours impetueux de ma iuſte colere;
Tu mourras fourbe! traiſtre! & ton ſang reſpandu
Ioindra bien-toſt ta perte à mon honneur perdu.

CLEANDRE.
O Dieu que l'ay-je peine à rencontrer la porte!
Cachons nous, j'apperçoy la clarté qu'on apporte.

SCENE V. & DERNIERE.

CARPALIN, LIDAME, LVCRESSE, ROSETTE, CLEANDRE, PHILIPIN.

CARPALIN.

OV s'est-il donc caché ce filou, ce voleur!
LIDAME.
Ciel que tien-je & que voy-je! ha je meurs de douleur!
PHILIPIN.
Ie n'ay iamais rien vû de plus drole en ma vie,
LVCRESSE.
Cleandre s'est sauvé: Dieu que j'en suis ravie!
CARPALIN.
Quelle terreur panique a vostre esprit frappé
Ie ne voy rien.
LIDAME.
Helas le traistre est échappé!
CARPALIN.
Qui donc?
LIDAME.
Vn suborneur qui se nomme Cleandre,
Qui seduit vostre niece.
CARPALIN.
Ha ie le feray pendre!

PHILIPIN.

Nous le tenions au poil, mais tous nos soins sont
　　vains,
Il ne nous a laissé qu'vn tour entre nos mains.

CARPALIN.

Que n'est-il demeuré, ventre, teste, ie iure
Que sa mort à l'instant eust reparé l'iniure.
Que ne le tiens-ie icy ce perfide imposteur?
I'aurois eu le plaisir de luy manger le cœur:
Ie l'aurois deuoré cet insolent, ce traistre,
Il faut chercher par tout, il se cache peut-estre.

LIDAME.

Auant vostre arriuée il sera descendu.

PHILLPIN.

Si ie le puis trouuer, croyez qu'il est perdu.

CLEANDRE　dans le Cabinet.

Il faut tenir l'espée au besoing toute nuë.
Comment c'est Carpalin ? me trompez vous ma
　　　　　　　　　　　　　　　　　　(veuë?

CARPALIN.

Il n'est point en ce lieu, Monsieur ne dite mot,
Ie trauaille pour vous, ne faites pas le sot:
Deuant que la chandelle icy fust aportée,
Il doit s'estre sauué.

LIDAME.

　　　　　　　Ie m'en suis bien doutée
Fille lasche ! esprit bas qui cheris ton erreur!
C'est sur toy qu'à present doit tomber ma fureur.
N'espere plus de moy ny bonté ny tendresse,
Ie ne veux point de fille auec tant de foiblesse,
Des plus doux sentiments mon cœur est despoüillé,
Ie ne reconnoy plus mon sang qui s'est soüillé,
Va ie te desauoüe & dés demain i'espere
De te voir enfermée en vn conuent austere.

CARPALIN.

I'estime qu'il seroit pourtant plus à propos
Pour couurir son honneur & vous mettre en repos,
Puis qu'elle est amoureuse & qu'elle en est dans l'âge,
De luy faire gouster des fruicts du mariage,

　　　　　　　　　　　　　　　　　　C'est

C'eſt preuenir les maux qui pourroient arriuer,
Souuent l'honneur ſe perd à le trop conſeruer.

LIDAME.

Ce moyen ſeroit bon, s'il n'eſtoit impoſſible,
Qui voudra d'elle apres vn affront ſi viſible?
Liſipe l'aime fort; mais eſtant de retour,
Il ſçaura ſa foibleſſe, & perdra ſon amour,
Qui voudra prendre vn corps dont vn autre aura
  l'ame?
Qui voudra l'epouſer?

CLEANDRE ſortant du Cabinet.

   Ce ſera moy, Madame!
Daignez me l'accorder.

PHILIPIN.

   O le plaiſant biais!
Hé bien fut il iamais vn amant plus niais?

LIDAME.

Ha voicy l'impoſteur dont l'amour nous offence,
Qu'il meure; c'eſt de vous que i'attend ma vengeáce;

CLEANDRE.

Mais prenant voſtre fille.

LIDAME.

   Ha vrayement c'eſt pour vous;
Noſtre fille n'eſt pas vn gibier de filoux.

CARPALIN.

Sçachons quelle eſt ſa race & ſon bien tout à l'heure;
Puis nous verrons s'il faut qu'il l'epouſe ou qu'il
  meure.

LIDAME.

Ce n'eſt pas trop mal fait d'eſſayer la douceur
Mon frere!...

CLEANDRE.

Voſtre frere!

LIDAME.

   Ouy, ouy ie ſuis ſa ſœur;

CLEANDRE.

Vous pouuiez vous paſſer d'vne ruſe ſemblable;
Ie ne refuſe point cette fille adorable,

Pour me faire accepter ce party propoſé
Il n'eſtoit pas beſoin d'vn frere ſuppoſé.

LIDAME.

Il eſt mon propre frere.

CLEANDRE.

Hà c'eſt vne impoſture!
Excuſez ma franchiſe, elle fut touſiours pure.

CARPALIN.

Ton Maiſtre perd l'eſprit.

PHILIPIN.

L'eſprit? te mocques-tu?
Comment le perdroit-il, il n'en a iamais eu.

LIDAME.

Mais le cognoiſſez-vous?

CLEANDRE.

Ie le dois bien connoiſtre

CARPALIN.

Ne vous arreſtez pas aux paroles d'vn traiſtre.

CLEANDRE.

Hà le diſſimulé, qui ne le connoiſtroit.
Ie ne ſuis pas ſi ſot que tout le monde croit.

LIDAME.

Qu'entend-ie? d'vn grand mal ie retombe en vn pire

PHILIPIN.

Voſtre langue nous perd.

CLEANDRE.

Ie ne me puis dedire,
Tous ces deguiſements ne ſeruiront de rien.
Ie ne me trompe point, ie le cognois fort bien.

CARPALIN.

Quoy vous me connoiſſez? ha quelle extrauagance!
Où m'auez-vous pu voir, dans la nouuelle France?

CLEANDRE.

Nullement, nullement.

CARPALIN.

Ie ne ſçay donc pas où,
Dans la Californie, au Breſil, au Perrou,

Dans Portopotossy, dans Lima, dans Cumane?
Dans Chica, dans Cusco, dans Tolme en Caribane?

CLEANDRE.

Faut-il auecque moy faire tant de façons?
Penses-tu m'estonner par ces barbares noms?

CARPALIN.

Ce sont tous les endroits où i'ay passé ma vie.

CLEANDRE.

Tu n'es iamais sorti de ton hostellerie.

CARPALIN.

Parlez mieux, indiscret!

CLEANDRE.

　　　　C'est trop faire le fin:
Ce n'est qu'vn hostellier appellé Carpalin,
C'est chez luy que ie loge & vous deuez me croire,

LIDAME.

Quoy vous logez chez luy?

CLEANDRE.

　　　　C'est à la Teste Noire,

LIDAME.

Comment fourbe, imposteur?

CARPALIN.

　　　　Ha Madame arrestez,
Ie vais vous dire encore bien d'autres veritez.
Rosette, Philipin & vostre fille mesme
Sont meslez auec moy dedans ce stratagesme,

LIDAME.

Ma fille!...

CARPALIN.

　　　Ce n'estoit qu'à bonne intention,

LVCRESSE.

Ie vous ay pour Cleandre apris ma passion,
Et ie ne permettois qu'il fist ce personnage
Que pour vous disposer à nostre mariage.

CARPALIN.

Madame croyez-moy, vous pourriez faire pis,
Du Bailly de Nogent il est vnique fils.

I　ij

LIDAME.
Ie te pardonne tout, s'il est fils d'vn tel Pere:
Feu mon pauure mary l'aima tousiours en frere.

CLEANDRE.
Il n'a pas de grands biens.

LIDAME.
Il a beaucoup d'honneur,
Dans vn malheur pareil c'est encor vn bon-heur,
Lucresse desormais vous peut aymer sans crime,
Mon adueu rend pour vous son amour legitime,
Ma fille, aymez Cleandre à present comme espoux,

LVCRESSE.
Iamais commandement ne se trouua plus doux,

CLEANDRE.
Pour rendre nostre ioye encore plus parfaicte,
Marions tout d'vn temps Philipin & Rosette.

CARPALIN.
Que deuiendray-ie moy?

CLEANDRE.
Nous sommes genereux,
Vous nous rendez contens, nous vous rendrons heu-
reux,

ROSETTE.
Philipin qu'en dis-tu?

PHILIPIN.
Que veux-tu que ie die?
Ie croy voir vne fin de quelque Comedie.

ROSETTE.
Ie crains encor ton Maistre & ie tremble en secret?

PHILIPIN.
La Comedie est faicte ; il n'est plus INDISCRET.

Fin du cinquiesme & dernier Acte.

LA GENEREVSE
Ingratitude.
Tragicomedie.

www.ingramcontent.com/pod-product-compliance
Lightning Source LLC
Chambersburg PA
CBHW060631100426
42744CB00008B/1590